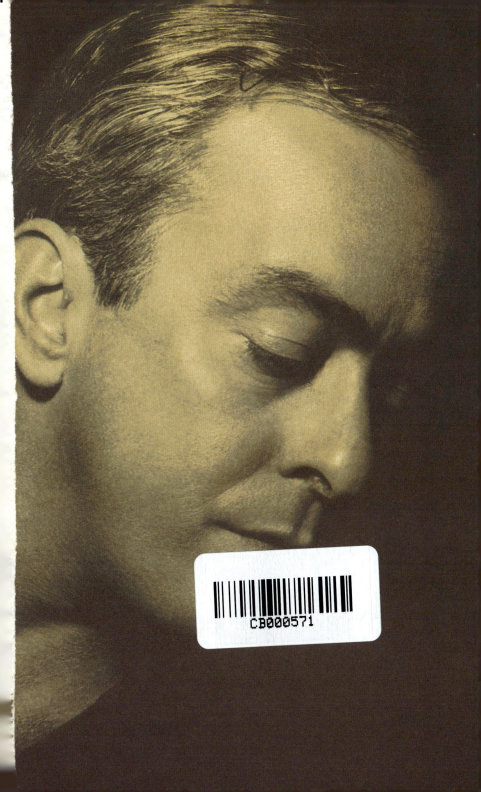

1 Página anterior: Vinicius de Moraes em meados dos anos 50.

2 O poeta, em desenho de Noêmia Mourão, tendo ao fundo o restaurante La Coupole. Vê-se, à esquerda, a marca da *brasserie* e, no canto inferior direito, a dedicatória: "Para Vinicius/ lembrança de Paris/ Noêmia" (1939).

A Ponte de Van Gogh

O lugar não importa: pode ser o Japão, a Holanda, a cam-
                                                        pina inglesa.
Mas é absolutamente preciso que seja Domingo.

O azul do céu escôa no esmeralda do rio
E o rio reflete docemente as margens de relva verde-laranja.
Dir-se-ia que da mansão da esquerda voou o lençol virginal
                                                        de miss
Para ser no céu sem mancha a única nuvem.
A coluna é velha, de uma velhice sem pátina
As cores são simples, ingênuas
A estação é felis: o pronto da ponte chegou a pintar
De listas vermelhas o této da sua casinhola.
E, meu Deus, si não fossem esses arbúzinhos de pinheiros
                                                        a fazer caretas
E a pressa com que o homem da charrette vai:
  A pressa de quem atravessou um vão perigo
Tudo estivesse perfeito, e não me viesse ene medo tolo de
                                                        a pequena ponte, levadiça
Desabe e se molhe o vestido preto de Cristina /enprua Ros-
                                                        setti
Que vai de umbrella especialmente para ouvir a prédica do
                                                        novo pastor da vila.

                                        Itabaia, set. 1935.

3 Ao lado, publicação do poema "Lullaby to Susana", com ilustração de Santa Rosa, no jornal *A Manhã*, "Suplemento Literário", 4 de outubro de 1942.

LULLABY

Ilustração de SANTA ROSA

TO SUSANA

    My little baby close your eyes
    And smile to me from paradise
    Your daddy's song will soon beguile
    Your sorrows deep my honey child

        When my little baby cries
        The stars rush off to bean
        The angels come to rurse her
        And they pat her rosy cheecks
        And they kiss her lovely chin.

(To be sung with any music.)

Vinicius de Moraes

Noturno de Genebra

A única coisa a fazer é traçar a estátua da
Liberdade para tr.... "un p'tit peu"
un top de Genebra.
Isso realizaria o silêncio ..... entre a Franca e a América
mesmo tempo D polta de bidé
no Estado Unidos.

Ninguem uraco se esquecerá de ... tão espetácu-
lo, mesmo depois das experiencas
feitas com a bomba H.

É a bomba de Marilin Monroe. Talvez
desse espetáculo
tão semelhante a revestimento D pira-
mides ou à queda do Colloso
de Rhodes

4 Vinicius em sua casa em Los Angeles,
onde morou entre 1946 e 1950, quando
exerceu seu primeiro posto diplomático.

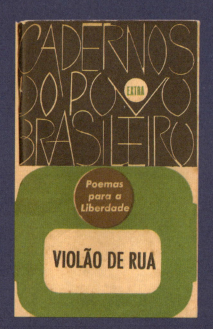

5 Capa da coletânea *Violão de rua — Cadernos do povo brasileiro — Poemas para a liberdade* (desenho de Eugênio Hirsch; Rio de Janeiro: Civilização Brasileira/ Centro Popular de Cultura da União Nacional dos Estudantes, 1962), que traz dois poemas de Vinicius: o célebre "O operário em construção" (o qual aparecera em *Novos poemas II*, de 1959) e "Os homens da terra", que tem sua primeira publicação em livro neste *Poemas esparsos*.

6 O poeta e Lúcia Proença, sua mulher, no início da década de 60.

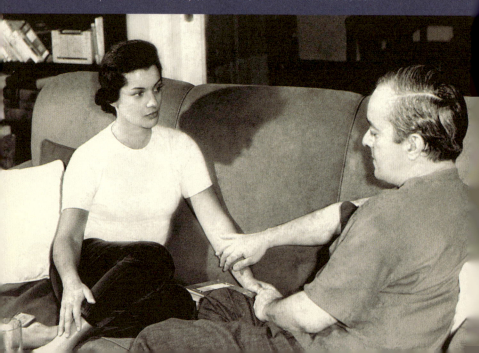

DN 15.4..62

O Haver

Vinicius de Morais

Resta , acima de tudo , essa capacidade de ternura
Essa intimidade perfeita com o silêncio
Resta essa voz íntima pedindo perdão por tudo
~~Essa ~~ — Perdoai-os! porque êles não têm culpa de Tu nascido...

Resta êsse antigo respeito pela noite , êsse falar baixo
Essa mão que tateia antes de ter , êsse mêdo
De ferir tocando, essa forte mão de homem
Cheia de mansidão para com tudo quanto existe .

Resta essa imobilidade , essa economia de gestos
Essa inércia cada vez maior diante de Infinito
Essa gagueira infantil de quem quer exprimir o inexprimível
Essa irredutível recusa à poesia não vivida .

Resta essa comunhão com os sons , êsse sentimento
Da matéria em repouso , essa angústia da simultâneidade
Do tempo , essa lenta decomposição poética
Em busca de uma só vida , uma só morte , um só Vinícius .

Resta êsse coração queimando como um círio
Numa catedral em ruinas , essa tristeza
Diante do cotidiano ; ou essa súbita alegria
Ao ouvir passos na noite que se perdem sem história...

Resta essa vontade de chorar diante da beleza
Essa colera em face da injustiça e do malentendido
Essa imensa piedade de si mesmo , essa imensa
Piedade de si mesmo e de sua fôrça inútil .

Resta êsse sentimento da infância sùbitamente desentranhado
De pequenos absurdos , essa capacidade
De rir atoa , êsse ridículo desejo de ser útil
E essa coragem para comprometer-se sem necessidade .

7 Vinicius de Moraes e Tom Jobim, em Brasília, quando compunham em parceria o poema sinfônico *Brasília, sinfonia da alvorada* (1960).

Retrato de Carlos Drummond de Andrade

Às vezes da manhã: abro uma gaveta
Como que pego sem pirulidade
E me com o retrato caras do preto
Me olhando, Carlos Drummond de Andrade.

Seus olhos nem por me repudo
Piscam; o preto me encara
E eu nego pelo ... cara
Que ele ... devia ...
...
...

Tiro-o, depois com mes amigo
Limpo-o os poeiras que lhe embaça
Os óculos e ... a camisa
E o preto como por ... faço
...

Procuro um lugar para instalá-lo
Na minha pequena sala mis
Em sala bá seu poeta
Onde me reencontro todo os
E onde me sento e onde me calo.

8 Duas versões do poema que veio a se chamar "Exumação de Mário de Andrade" (ver mais detalhes adiante, em "Notas sobre alguns poemas").

Retrato de _____ de Andrade
        Carlos Drummond

_____ _____

____

: _____

Duas da manhã _____ ____ ____

____ ___ ____ ____ _____

E do ___ ___ ___ de preto

Me _____, Carlos Drummond de Andrade.

_____ _____ _____

Seus olhos ____ ___ ___ _____

Se _____ _____: êle me _____

E ___ ____ ____ ____ ____

Que êle devia ____ ____ muito

_____ dentro daquele _____

Tira-o , _____ _____

_____ _____ ____ ____

   depois _____ ___ ____

      ___ ___ ___ ____

_____ __ ____ ____

____ ___ ____ ___ ____

_____

____ ____ ___ ___ _____

Os ____ ____ ___ ____

E o preto ___ ___ ____ ____.

Ode ao Octontenário de Manuel Bandeira

Paizinho:
(Onde chamava-te Paizinho...)
Quando os ponteiros do relógio se cruzarem à meia-
noite do dia 21 de abril
Eu já estarei no mar, talvez nas costas da Bahia
E pensarei profundamente em ti, Poeta
Máximo.

9 Vinicius entre amigos: acima, com o pintor Di Cavalcanti, no final dos anos 60; abaixo, com o poeta chileno Pablo Neruda (no centro) e o paisagista Roberto Burle Marx (à esquerda), na chácara deste último, em Barra de Guaratiba, no Rio de Janeiro, em 1968.

POEMAS
ESPARSOS

POEMAS ESPARSOS

2008

VINICIUS DE MORAES

SELEÇÃO
E ORGANIZAÇÃO
EUCANAÃ FERRAZ

1ª REIMPRESSÃO

**COLEÇÃO
VINICIUS DE MORAES**
COORDENAÇÃO
EDITORIAL
EUCANAÃ FERRAZ

COMPANHIA DAS LETRAS

Copyright © 2008 by V. M. Empreendimentos Artísticos e Culturais Ltda.

Textos de Carlos Drummond de Andrade das páginas 205-211
Copyright © Graña Drummond www.carlosdrummond.com.br

Capa e projeto gráfico
warrakloureiro
Fotos de capa
© Rene Burri/ Magnum Photos
Frank Horvat
Pesquisa
Eucanaã Ferraz
Daniel Gil
Natalia Cordoniz Klussmann
Preparação
Márcia Copola
Revisão
Marise S. Leal
Roberta Vaiano

Dados Internacionais de Catalogação na Publicação (CIP)
(Câmara Brasileira do Livro, SP, Brasil)

Moraes, Vinicius de, 1913-1980.
Poemas esparsos / Vinicius de Moraes ; seleção e organização
Eucanaã Ferraz. — São Paulo : Companhia das Letras, 2008.

ISBN 978-85-359-11350-7

1. Poesia brasileira I. Ferraz, Eucanaã. II. Título

08-10237   CDD-869.91

Índice para catálogo sistemático:
1. Poesia : Literatura brasileira 869.91

[2013]
Todos os direitos desta edição reservados à
EDITORA SCHWARCZ S.A.
Rua Bandeira Paulista, 702, cj. 32
04532-002 — São Paulo —SP
Telefone: (11) 3707 3500
Fax: (11) 3707 3501
www.companhiadasletras.com.br
www.blogdacompanhia.com.br

SUMÁRIO

A última música 11
O haver 12
Soneto de Marta 15
A casa 16
Soneto no sessentenário de Rubem Braga 22
Balada de santa Luzia 23
Soneto de luz e treva 28
Sob o trópico do câncer 29
Mote e contramote 39
P(B)A(O)I 42
Na esperança de teus olhos 44
Estudo 45
Ode no octontenário de Manuel Bandeira 46
Alexandra, a Caçadora 47
Medo de amar 49
Cemitério marinho 50
Soneto na morte de José Arthur da Frota Moreira 52
Exumação de Mário de Andrade 53
Os homens da terra 56
O pranteado 60
Parte, e tu verás 64
A você, com amor 66
Soneto sentimental à cidade de São Paulo 68
Epitalâmio II 69
Romance da Amada e da Morte 71
Elegia de Paris 77
A santa de Sabará 78
O sacrifício do vinho 81
A perdida esperança 83
Noturno de Genebra 85

O poeta e a lua 86

Soneto da rosa 88

Amor 89

Soneto da mulher inútil 90

Balada do morto vivo 91

Valsa à mulher do povo 99

Mensagem à poesia 101

Balanço do filho morto 105

O crocodilo 108

Epitalâmio 110

Petite histoire naturelle (Poema de pazes) 115

A ausente 116

O assassino 117

Alexandrinos a Florença 119

Soneto do breve momento 120

As quatro estações 121

A morte de madrugada 122

O presente 126

Desert Hot Springs 127

História passional, Hollywood, Califórnia 129

Soneto do amigo 134

Jayme Ovalle vai-se embora 135

A Berlim 136

Soneto com pássaro e avião 137

Ave, Susana 138

Estâncias à minha filha 139

Lullaby to Susana 142

Tatiografia 143

Madrigal 145

Redondilhas pra Tati 146

Otávio 148
Poema feito para chegar aos ouvidos de santa Teresa 149
Dobrado de mestres-cucas 150
O bilhar 154
A ponte de Van Gogh 155
Meu Deus, eu andei com Manuel Bandeira 156
Ode a Maio 157
Trovas 158
Essa, sentada ao piano 160

posfácio do organizador
Simples, invulgar 163

notas sobre alguns poemas 181

arquivo
O menestrel de nosso tempo,
por Fernando Sabino 195

Vinicius: o caminho do poeta,
por Ferreira Gullar 200

A música popular entra no paraíso,
por Carlos Drummond de Andrade 205

Vinicius sumiu. Para onde?,
por Carlos Drummond de Andrade 209

Eu sou Vinicius de Moraes,
por Caetano Veloso 212

cronologia 223

agradecimentos 231

índice de poemas 233

sobre o organizador 235

créditos das imagens 237

POEMAS
ESPARSOS

A ÚLTIMA MÚSICA

A tua lembrança é para o meu tédio como a última música
Voz enganadora da manhã sobre a certeza trágica da noite
Para o meu tédio o teu amor é como a última música
Esperança tentacular de estrela que quer brilhar entre
[a neblina
Ah, desoladora e vã promessa! O que farás de mim
Quando o meu peito se romper em soluços sobre a vida?

O HAVER

Resta, acima de tudo, essa capacidade de ternura
Essa intimidade perfeita com o silêncio
Resta essa voz íntima pedindo perdão por tudo:
— Perdoai! — eles não têm culpa de ter nascido...

Resta esse antigo respeito pela noite, esse falar baixo
Essa mão que tateia antes de ter, esse medo
De ferir tocando, essa forte mão de homem
Cheia de mansidão para com tudo que existe.

Resta essa imobilidade, essa economia de gestos
Essa inércia cada vez maior diante do Infinito
Essa gagueira infantil de quem quer balbuciar o inexprimível
Essa irredutível recusa à poesia não vivida.

Resta essa comunhão com os sons, esse sentimento
Da matéria em repouso, essa angústia da simultaneidade
Do tempo, essa lenta decomposição poética
Em busca de uma só vida, uma só morte, um só Vinicius.

Resta esse coração queimando como um círio
Numa catedral em ruínas, essa tristeza
Diante do cotidiano, ou essa súbita alegria
Ao ouvir na madrugada passos que se perdem sem memória...

Resta essa vontade de chorar diante da beleza
Essa cólera cega em face da injustiça e do mal-entendido
Essa imensa piedade de si mesmo, essa imensa
Piedade de sua inútil poesia e sua força inútil.

Resta esse sentimento da infância subitamente desentranhado
De pequenos absurdos, essa tola capacidade
De rir à toa, esse ridículo desejo de ser útil
E essa coragem de comprometer-se sem necessidade.

Resta essa distração, essa disponibilidade, essa vagueza
De quem sabe que tudo já foi como será no vir-a-ser
E ao mesmo tempo esse desejo de servir, essa
Contemporaneidade com o amanhã dos que não têm ontem
[nem hoje.

Resta essa faculdade incoercível de sonhar
E transfigurar a realidade, dentro dessa incapacidade
De aceitá-la tal como é, e essa visão
Ampla dos acontecimentos, e essa impressionante

E desnecessária presciência, e essa memória anterior
De mundos inexistentes, e esse heroísmo
Estático, e essa pequenina luz indecifrável
A que às vezes os poetas dão o nome de esperança.

Resta essa obstinação em não fugir do labirinto
Na busca desesperada de alguma porta quem sabe
[inexistente
E essa coragem indizível diante do Grande Medo
E ao mesmo tempo esse terrível medo de renascer dentro
[da treva.

Resta esse desejo de sentir-se igual a todos
De refletir-se em olhares sem curiosidade e sem história
Resta essa pobreza intrínseca, esse orgulho, essa vaidade
De não querer ser príncipe senão do seu reino.

Resta essa fidelidade à mulher e ao seu tormento
Esse abandono sem remissão à sua voragem insaciável
Resta esse eterno morrer na cruz de seus braços
E esse eterno ressuscitar para ser recrucificado.

Resta esse diálogo cotidiano com a morte, esse fascínio
Pelo momento a vir, quando, emocionada
Ela virá me abrir a porta como uma velha amante
Sem saber que é a minha mais nova namorada.

SONETO DE MARTA

Teu rosto, amada minha, é tão perfeito
Tem uma luz tão cálida e divina
Que é lindo vê-lo quando se ilumina
Como se um círio ardesse no teu peito

E é tão leve teu corpo de menina
Assim de amplos quadris e busto estreito
Que dir-se-ia uma jovem dançarina
De pele branca e fina, e olhar direito

Deverias chamar-te Claridade
Pelo modo espontâneo, franco e aberto
Com que encheste de cor meu mundo escuro

E sem olhar nem vida nem idade
Me deste de colher em tempo certo
Os frutos verdes deste amor maduro.

Ribeirão Preto, 5/6/1975

A CASA

A Gesse, minha mulher e minha amiga

E aos operários que ergueram a casa
"onde antes só havia chão".
Muito obrigado

Aí está, Amiga, a casa
Pronta, a porta aberta, a mesa
Posta: uma casa feita
De canções cantadas por todo o Brasil
(Com abatimento pra estudantes). Aí está ela
Amada, projetada sobre o oceano, e cujo silêncio
É perturbado apenas pelo marulho constante
Das ondas que espadanam rendas brancas
Nas negras rochas de Itapuã: "a pedra que ronca"
Segundo a língua geral. Jamison Pedra
E Sílvio Robatto, os amigos arquitetos
Ambos baianos de boa cepa, fizeram
Um belo trabalho, com as duas torres laterais em hexágono
(Uma das quais é o teu solário) e os dois telhados superpostos
Em rampa suave, apontando o mar. Uma casa branca e brique
Com elementos azuis e nenhum *bric-à-brac*: alvenaria
Telhas coloniais, madeira, couro e vime só eles capazes
De resistir ao salitre que o vento atira feroz
Contra os metais. Uma casa
De amplas varandas de lajota e muitas redes
Para o teu entregar-se à doce brisa atlântica
Que te enreda os cabelos: 400 m² de área construída
Bastantes, creio, para o teu gesto e a tua dança

(E o teu invariável banzo das segundas-feiras).
Elisinho Lisboa, o engenheiro, deu-lhe
Um perfeito acabamento, e Francisco, o mestre-de-obras
E Jonas, o carpinteiro, foram seus mais fiéis operários,
[comandando
Os alvanéis com grande zelo e competência. Uma casa
Baiana, feita por baianos, para abrigar
Tua baianice máxima, sonhada
Desde os idos cariocas, assim
A cavaleiro do mar e espraiada entre coqueiros
Que à noite parecem entregar-se a estranhas liturgias.
Construída em três níveis, tudo nela
É madeira de lei, desde
As grandes vigas e barrotes que sustentam o telhado
[em telha-vã do térreo e da varanda
E o destemeroso lance que sobe sem corrimão
Ao pequeno jirau abalaustrado onde se acha a mesa de comer:
E do qual partem também a bela escada em degraus vazados
Que leva ao piso superior e os belos vitrais
Com que mestre Calasans Neto pacificou os interiores
[em íntimos tons crepusculares até o soalho de cima
[(tirante os forros de vinhático)
Tudo é puro pau-d'arco
Que se faz cada dia mais fidalgo à medida que sucessivas
[mãos de cera
Lhe vão dando lustro e espelho. Sim, Amiga
Aqui nada pode o vento sul
Contra a densa integridade desses átomos
E o salitre diverte-se apenas em corroer velhos objetos
De ferro ou de latão: a antiga máquina de costura

Que às vezes faz de bar, a grande âncora carcomida
Que fixa a casa em seu jardim, curiosos lustres, leves
[lamparinas
Compradas ao sabor de nossas viagens
Sobretudo a Ouro Preto; o mesmo vento sul
Que tampouco permite que a paisagem de coqueiros
(E outras poucas árvores, e plantas resistentes ao sal e ao sol,
[e demais ventos)
Seja alterada pela mão do homem
Com arranjos vegetais, flores gentis e outras pequenas
Frescuras da natureza.
No andar de cima, como no térreo, todo
Aberto sobre as águas e as dunas de Itapuã em amplas
[janelas
De vidro temperado, os quartos de dormir
Convidam a fazer nada: e nada há de ser feito, Amada,
[nesta casa
Contra o instinto. Aqui há de ser sempre
Calções de banho, tangas e bermudas
Sandálias, pés descalços
Corpos cheirando a mar
De amigas e de amigos
Sorrisos claros, bocas satisfeitas
E a brisa sub-reptícia
Fazendo festa em úmidas axilas
Penetrando entre nádegas e seios.
Aqui, Amiga
Plantarei o meu sonho e a minha morte. E no pequeno
Escritório que dá vista pro Farol pintado em branco e ocre
Sentado à velha mesa espessa e corrugada

Como eu, pela vida e pelo tempo
Os olhos pousados nos horizontes azuis do mar-oceano
Conferente diário de auroras e poentes indizíveis
De beleza e amplidão, eu seguirei tentando
Descobrir como salvar o mundo, como
Justificar o homem, como romper os pórticos da Poesia
Como tonitruar a Palavra
Capaz de sacudir o trono dos tiranos
E fazê-los rolar como antigas estátuas depredadas pelas
                                        [escadarias
Dos palácios: como estar sempre
Grávido de amor e de canções. E vendo ao alvorecer
Os pescadores caminhando sobre o mar com seus pés
                                        [de jangada
Acenar-lhes meus votos de bom dia, bom peixe
E bom regresso. E vinda a noite
Ir tomando de leve o meu porrinho
De modo a disfarçar essa grande tristeza de saber
Que nada vai poder ser
Na minha vez e minha hora: saber que cada gesto meu
Perde-se num infinito de gestos que já eram
Apenas passado o seu instante; e por vezes
Chorar afagando a cabeça de Meu, o nosso amado *terrier*
E o dorso elástico de nossos gatos siameses
Que vêm solidarizar-se, abanando o rabo ou se roçando
                                        [em minhas pernas
Como quem diz: "—Agüenta a barra
Amigo, a coisa é essa... O negócio é amar muito
Com essa fidelidade que em nós, caninos, é intrínseca
E em nós, felinos, voluntária, dependendo, é claro

De bom trato e muita festa…". E ficar pensando
Que atrás de cada aurora se esconde
A face ansiosa da Vida e de cada crepúsculo
A máscara irônica da Morte, ambas à espreita
Ambas querendo cumprir a qualquer custo
Os seus fatais desígnios. E depois desses tolos pensamentos
E de induzir o sono em velhos filmes de televisão, ir deitar-me
Com o sentimento da fragilidade, da precariedade
Da inutilidade de tudo… até que uma nova manhã
Me diga: Não! E então
Retomar o cotidiano, olhando o mar
Sem vê-lo, tentando adivinhar as horas
Pela chegada e partida dos jatos, antecipando
A alegria de ir visitar Auta Rosa e Calasans, aí pelo meio-dia
Em sua casa da rua da Amoreira, e mergulhar
Nas águas mornas de Itapuã, com direito
A uma cerveja na barraca de Pombo ou uma batida
Na de Galo; e de quando em quando, desafiando o diabetes
Um Campari-soda no Língua de Prata, acompanhado
                                             [de lambretas
Pernas de siri ou camarões fritos no azeite.
Sim, Amada, aí tens a tua casa
Feita de praia e mar e sol e ventos
E grandes céus azuis e dunas brancas
E imensos coqueirais e muito sonho
E muita solidão. Tu a decoraste
Com o melhor do teu gosto, tua graça
Tua altivez e tuas artimanhas
De índia. Aí está ela. Toma-a
É tua casa, simples e concreta

Tua, só tua, imensamente tua
Para que nela vivas sempre nua
Com teu céu, com teu mar, com tua lua
E o teu triste e amantíssimo Poeta.

Itapuã, 19/10/1974

SONETO NO SESSENTENÁRIO DE RUBEM BRAGA

Sessenta anos não são sessenta dias
Nem sessenta minutos, nem segundos...
Não são frações de tempo, são fecundos
Zodíacos, em penas e alegrias.

São sessenta cometas oriundos
Da infinita galáxia, nas sombrias
Paragens onde Deus resgata mundos
Desse caos sideral de estrelas-guias.

São sessenta caminhos resumidos
Num só; sessenta saltos que se tenta
Na direção de sóis desconhecidos

Em que a busca a si mesma se contenta
Sem saber que só encontra tempos idos...
Não são seis, nem seiscentos: são sessenta!

Itapuã, 12/1/1973

BALADA DE SANTA LUZIA

Ao amigo Alfredo Volpi

Na cela do seu convento
Vivia sóror Luzia
Como uma monja perfeita
Em penitência e cilício.

Seu constante sentimento
Era o da Virgem Maria
Que sem um mau pensamento
O Filho de Deus parira.

Mas era tanta a beleza
Dos grandes olhos que tinha
Imensos olhos parados
Da cor da paixão sombria
Que mesmo de olhar as monjas
Sóror Luzia se abstinha
Para não enrubescê-las
Quando seus olhos se tinham.

Ela própria, por modesta
A vista sempre retinha
Quando no poço do claustro
Seu rosto se refletia.

Luzia então se abraçava
Ao enorme crucifixo
Que do muro do seu quarto
Em tosco entalhe pendia
E com gemidos e queixas
A se ferir nos espinhos
Pedia ao Divino Esposo
Perdão dos olhos que tinha.

Era tão forte o momento
De suas próprias retinas
Que às vezes em seus transportes
Ela a si mesma se tinha
Sem saber mais se dava
A Ele, ou a ela, Luzia.

Mas Luzia não sabia
Nem sequer adivinhava
Que um belo moço existia
Que todo dia a espreitava
E que, por entre uma fenda
Que na pedra se rasgava
Ficava, ficava vendo
Luzia enquanto rezava.

E era tão grave a beleza
Dos olhos com que ela olhava
Que o amoroso cavalheiro
As mãos na pedra sangrava.

E em seu amor impotente
Pelos dois olhos que via
O cavalheiro demente
Ao muro quente se unia.

E a pedra ele possuía
Pelo que a pedra lhe dava
Da fugidia mirada
Do olhar de sóror Luzia.

Uma noite, em sua frente
A jovem monja depara
Com um cavalheiro embuçado
Que o alto muro galgara
E que ao vê-la, incontinente
Se ajoelha, descobre a cara
E desvairado e fremente
Loucamente se declara.

Seu olhar era tão quente
Tão fundo lhe penetrava
Que o de Luzia, temente
Desprender-se não ousava.

E seus olhos se tiveram
Tão no corpo e tão na alma
Que fraca e deliqüescente
Luzia sentiu-se grávida.

Enquanto em seu desvario
O moço lhe declarava
O seu intento sombrio
De ali mesmo apunhalar-se
Caso Luzia não desse
O que ele mais desejava:
Os olhos que via em prece
Quando de fora a espiava.

Vai Luzia e reaparece
Esvoaçante em seu hábito
Trazendo com ar modesto
Pequena salva de prata.

E com mão segura e presta
Ao moço tira o punhal
E com dois golpes funestos
Arranca os olhos das caixas:
Seus grandes olhos tão belos
Que deposita na salva
E ao jovem fidalgo entrega
Num gesto lento e hierático.

O cavalheiro recua
Ao ver no rosto da amada
Em vez de seus olhos, duas
Crateras ensangüentadas.

E corre e galga a muralha
Em frenética escalada
Deixando cair do alto
Seu corpo desamparado
Sem saber que ao mesmo tempo
De paixão desfigurada
Ao seu Senhor ciumento
Santa Luzia se dava.

Rio, maio de 1972

SONETO DE LUZ E TREVA

Para a minha Gesse, e para que
ilumine sempre a minha noite

Ela tem uma graça de pantera
No andar bem-comportado de menina.
No molejo em que vem sempre se espera
Que de repente ela lhe salte em cima.

Mas súbito renega a bela e a fera
Prende o cabelo, vai para a cozinha
E de um ovo estrelado na panela
Ela com clara e gema faz o dia.

Ela é de capricórnio, eu sou de libra
Eu sou o Oxalá velho, ela é Inhansã
A mim me enerva o ardor com que ela vibra

E que a motiva desde de manhã.
—Como é que pode, digo-me com espanto
A luz e a treva se quererem tanto...

Itapuã, 8/12/1971

SOB O TRÓPICO DO CÂNCER

"O câncer é a tristeza das células."
Jayme Ovalle

I

Sai, Câncer!
Desaparece, parte, sai do mundo
Volta à galáxia onde fermentam
Os íncubos da vida, de que és
A forma inversa. Vai, foge do mundo
Monstruosa tarântula, hediondo
Caranguejo incolor, fétida anêmona
Sai, Câncer!
Furbo anão de unhas sujas e roídas
Monstrengo sub-reptício, glabro homúnculo
Que empesteias as brancas madrugadas
Com teu suave mau cheiro de necrose
Enquanto largas sob as portas
Teus imundos volantes genocidas
Sai, *get out, va-t'en, hinaus mit Ihnen*
Tu e tua capa de matéria plástica
Tu e tuas galochas, tu e tua gravata
Carcomida, e torna, abjeto, ao Trópico
Cujo nome roubaste. Deixa os homens
Em sossego, odioso mascate.
Fecha o *zipe*
Da tua gorda pasta que amontoa
Caranguejos, baratas, sapos, lesmas
Movendo-se em seu visgo, em meio a amostras

De óleos, graxas, corantes, germicidas
Sai, Câncer!
Fecha a tenaz e diz adeus à Terra
Em saudação nazista; galga, aranha
Contra o teu próprio fio e vai morrer
De tua própria síntese na poeira
Atômica que ora se acumula
Na cúpula do mundo.
Adeus
Grumo louco, multiplicador
Incalculável, tu de quem nenhum
Computador eletrônico
Poderia jamais seguir a matemática.
Parte, *ponete ahuera, andate via*
Glauco espectro, gosmento camelô
Da morte anterior à eternidade.
Não és mais forte do que o homem — rua!
Grasso e gomalinado prestamista
Que prescreves a dívida humana
Sem aviso prévio, ignóbil
Meirinho, Câncer, vil tristeza…

Amada, tranca a porta, corta os fios
Não prestes nunca ouvidos ao que o mercador contar!

II

"Senhora,
Abre por favor porta só um pouquinho
Preciso muito falar com senhora, pelo amor de Deus!
Abre porta, eu mostro sem compromisso.
Leva já, paga quando puder. Veja, senhora
Quanta coisa, que beleza, tudo grátis
Paga quando puder. Fibroma
Carcinoma, osteossarcoma
Coisa linda! Olhe só, senhora:
Câncer do seio... Sempre volta. Do útero:
Mais barato mas leva artigo de qualidade, em geral
Reproduz mais tarde, garantido.
Para seu marido tem coisa linda, veja, senhora
Que maravilha! Tumor sarcomatoso do intestino,
Não falha. Espie só, madama:
Câncer do fígado, câncer do rim, câncer da próstata
Câncer da laringe, tudo é câncer
Artigo exclusivo, palavra de honra
Restitui dinheiro.
Senhora tem filhos? Veja isto:
Câncer da meninge: muita dolência... Câncer
Do sangue: criança
Vai enfraquecendo, quase não sofre
Vai apagando como uma vela, muito carinho
Da senhora e seu marido para o menino.
Morre bem, morre feliz, com todos os sacramentos
Confortado pela excelentíssima família.
E olhe aqui, senhora: isso eu só mostro
Em confiança, artigo conseguido com muita
Dificuldade: CÂNCER ATÔMICO!

Artigo de luxo, paga à vista, não faz prestação
Muito duro conseguir. Precisa
Muita explosão de bomba H, quantidade
De estrôncio-90. Muito difícil.
Artigo superior, não tem na praça, conseguido
Com contrabandista, senhora não conta...
Artigos para casa? Tem cera para lustrar
Inseticida, inalador: tudo
Feito com substância cancerígena. Artigos
De farmácia? Tem bom xarope
Faz bem ao peito, muito alcatrão, mata
Na velhice: câncer do pulmão
Bom câncer. Senhora não quer?
Fica, senhora: é garantido, vendo barato
Paga quando quiser. Olhe aqui:
Deixo sem compromisso—mata moscas
Baratas, ratos, crianças; tem cheiro
De eucalipto, perfuma
Ambiente. Não quer? Adeus
Senhora, passo outro dia, não tem pressa
A senhora pensa, tudo grátis, garantido
O freguês paga quando quiser
Morre quando puder!"

III

Cordis sinistra
—Ora pro nobis
Tabis dorsalis
—Ora pro nobis
Marasmus phthisis
—Ora pro nobis
Delirium tremens
—Ora pro nobis
Fluxus cruentus
—Ora pro nobis
Apoplexia parva
—Ora pro nobis
Lues venerea
—Ora pro nobis
Entesia tetanus
—Ora pro nobis
Saltus viti
—Ora pro nobis
Astralis sideratus
—Ora pro nobis
Morbus attonitus
—Ora pro nobis
Mania universalis
—Ora pro nobis
Cholera morbus
—Ora pro nobis
Vomitus cruentus
—Ora pro nobis
Empresma carditis
—Ora pro nobis

Fellis suffusio
—Ora pro nobis
Phallorrhoea virulenta
—Ora pro nobis
Gutta serena
—Ora pro nobis
Angina canina
—Ora pro nobis
Lepra leontina
—Ora pro nobis
Lupus vorax
—Ora pro nobis
Tonus trismus
—Ora pro nobis
Angina pectoris
—Ora pro nobis
Et libera nobis omnia Cancer

—Amen.

IV

Há 1 célula em mim que quer respirar e não pode
Há 2 células em mim que querem respirar e não podem
Há 4 células em mim que querem respirar e não podem
Há 16 células em mim que querem respirar e não podem
Há 256 células em mim que querem respirar e não podem
Há 65 536 células em mim que querem respirar e não podem
Há 4 294 976 296 células em mim que querem respirar
                                  [e que não podem

Ad infinitum…

7 — 7
4 — 4

V

La rose
Du cancer
Arrose
L'arroseur.

VI

—Minha senhora, lamento muito, mas é meu dever
[informá-la de que seu marido tem um câncer do fígado...
—Meu caro senhor, é triste ter de comunicar-lhe, mas sua
[esposa é portadora de um câncer do útero...
—É, infelizmente os exames revelam uma leucemia aguda
[no menino...
—É a dura realidade, meu amigo, sua mãe...
—Seu pai é um homem forte, vai agüentar bem a operação...
—Sua avó está muito velhinha, mas, enfim, nós faremos
[o impossível...
—Parece que o general está com câncer...
—Que coisa! o governador parecia tão bem-disposto...
—Coitado, não tinha onde cair morto, e logo câncer...
—Era nosso melhor piloto, mas o câncer de intestino não
[perdoa...
—Se for câncer, o presidente não termina o mandato...
—Qual o quê, meu caro, não se assuste prematuramente,
[câncer não dá em deputado...
—Tão boa atriz... e depois, tão linda...
—É um erro seu, há muito operário que morre de câncer,
[é porque não se dá publicidade...
—Quem diria... O rei?...
—Até o papa?...

Última hora, Agência Tass, Estação Interplanetária 777:

—Deus está com câncer!

VII

Para onde olhas, Esfinge?
Para o oxigênio, para o radioisótopo, para o ipê-roxo
Para Nossa Senhora do Pronto Socorro?
Que vês adiante de ti? Quando o grito
O grito que há de arrancar todos os homens do seu medo
E criar o maior dos carnavais da humanidade?
Quando os sinos tocando, as sirenas tocando, as buzinas
Tocando, as bandas tocando, as orquestras tocando
E o toque cessando, o dedo, o toque
Comprimindo o ponto, a dor, o espasmo, o diagnóstico:
Câncer. Quando, Esfinge
Quando a manchete, a notícia, o pranto, o coro
Simultâneo de vozes, o cantochão dos homens
De todos os povos do mundo contrapontando seu júbilo
Diante da descoberta? Quando aberta
A nova porta para o futuro, quando rompido
O muro do câncer? Quando, Esfinge
Quando de teu olhar desfeita a névoa
Do segredo? Cedo
Ou tarde? Ah, que não seja tarde!
Ah, que teu olhar se fixe, Madona, na alga
Na eletricidade, no amoníaco
E diga: é aí! Ah, que não seja tarde
Para os que esperam, para os que desesperam
E para os que desesperarão. Ah, que não seja tarde
Para que ninguém se acovarde ante o momento, o dedo
O toque, o espasmo, a chapa
E a sentença:

CÂNCER
 CÂNCER
  CÂNCER
   CÂNCER
    CÂNCER

MOTE E CONTRAMOTE

"Lisboa tem terremoto"

— Lisboa tem terremoto
Diz o mote e com razão
— É certo, tem terremoto
Porém, em compensação
Tem muitas cores no céu
Muitos amores no chão.
Tem, numa casa pequena
O poeta Alexandre O'Neill
E a bela Karla morena
Na embaixada do Brasil.
Aymé! — o mote repete
Lisboa tem terremoto
Mas tem o Nuno Calvet
Para tirar cada foto!
— Qual o quê! — pergunte ao Otto
Que não me deixa mentir.
Lisboa tem terremoto
Não deve nada a Agadir.
Pois já que estamos nos sismos
Capazes de destruir
Tem o ator Nicolau Breyner
Para nos matar... de rir.
Tem David, irmão de Jayme
E Jayme, irmão de David
Não fossem os Mourão Ferreira
Eu nunca estaria aqui.
É, mas... — o mote reclama

Lisboa tem terremoto
— Mas tem o fado de Alfama
E tem a casa do Otto.
E o Otto tem sua Helena
E Helena, seu broto em flor
A nena Helena Cristina
(Ou Maria-Pão-de-Queijo)
De quem eu sou cantor.
(Em matéria de Cristinas
Só temos saldo a favor!)
— Mas, alto! — me grita o mote
Moto-mote, mote-moto
Deixa de tanto fricote
Lisboa tem terremoto!
— E daí? Que o parta um raio
Terremoto... é natural
Mas e a Henriqueta Maya
E a Laurinha Soveral?
E essa coisa pequenina
De que todo mundo gosta
A sempre eterna menina
Que se chama Beatriz Costa?
E Amália, a grande, a divina
Que é de Portugal a voz
Ela também, quando cisma
Não faz tremer todos nós?
É, está tudo bem, meu velho
És de Lisboa um devoto
Mas pergunta ao António Aurélio
Que é arquiteto e tem teto:

Lisboa tem terremoto!
Mas tem em contrapartida
O António Infante da Câmara
Para lhe contar outra história...
Um bom amigo, que em vida
Soube conquistar a Glória.
E a Glória tem Terezinha
E Wandinha, que é um amor
Quem tem filhinhas assim
Não tem medo de tremor.
E tem o Raul Solnado
Que eu acho um senhor ator.
Quem tem gente boa assim
Não tem medo de tremor.

— Lisboa tem terremoto
Suspira o mote ao expirar...
— Faz figa, faz figa, Otto
Terremoto... — sai, azar!

P.S. Em tempo, perdoem
O lapso ocasional
Esqueci Maria Cândida
O terremoto mais lindo
Que já houve em Portugal.

P(B)A(O)I

A Carlos Drummond de Andrade, que com seu
só título *Boitempo* me deu a chave deste poema

Pai
Modorrando de tarde na cadeira
De balanço, a cabeça cai-não-cai.
Pai
Espantando o moscardo
Feito o boi faz com o rabo
Zum! iridesceu, se foi, muu.
Pai. Ah, como dói
Lembrar-te assim, pai pé-de-boi
Sentado à mesa mastigando sonhos
Boipai, entre as samambaias e avencas
Do pequeno jardim, utilinútil, ai...
Paiboi, paiboiota, boipapai
Babando amor no curral das acácias
Quebrando ferrolhos com a força
Dos cascos fendidos para não entrar mais boi
No chão de dentro, igual a mim...
Ah, como dói lembrar-te, boi
Triste, boiassim, a córnea branca
No olho trágico, ruminando o medo
Pelo novilho tresmalhado.
Pai. Boi.
Olhando do portão o chão de fora
Na noite escura, muu, à espera. Onde estou eu
Teu vitelão insone, onde?
Nas tetas de que rês? Em que pasto?

Que não o teu, e da boieira
Que também já se foi? Boipai
Paiboi.
Muge-me, boi-espaço
Da tua eternidade as cantigas
Mais lindas que soavas com teus dedos
Ungulados nas cordas da viola
Hoje partida. Geme
Boi-da-guia, tua nunca boesia
Dá-me, boi-de-corte
Um quilo de tua alcatra decomposta
Tua língua comida
Um carrinho de mão de tua bosta
Com que fertilizar minha poesia
Neste instante transposta.
Para plantar meu novo verso
Menos eu, mais canção, menos enxerto
Não posso prescindir da tua morte
Teus ossos, teu estrume
Tu bom pai, tu boipai, tu boiconsorte
Eu boiciúme.

Rio, junho de 1969

NA ESPERANÇA DE TEUS OLHOS

Eu ouvi no meu silêncio o prenúncio de teus passos
Penetrando lentamente as solidões da minha espera
E tu eras, Coisa Linda, me chegando dos espaços
Como a vinda impressentida de uma nova primavera.
Vinhas cheia de alegria, coroada de guirlandas
Com sorrisos onde havia burburinhos de água clara
Cada gesto que fazias semeava uma esperança
E existiam mil estrelas nos olhares que me davas.
Ai de mim, eu pus-me a amar-te, pus-me a amar-te mais ainda
Porque a vida no meu peito se fizera num deserto
E tu apenas me sorrias, me sorrias, Coisa Linda
Como a fonte inacessível que de súbito está perto.
Pelas rútilas ameias do teu riso entreaberto
Fui subindo, fui subindo no desejo de teus olhos
E o que vi era tão lindo, tão alegre, tão desperto
Que do alburno do meu tronco despontaram folhas novas.
Eu te juro, Coisa Linda: vi nascer a madrugada
Entre os bordos delicados de tuas pálpebras meninas
E perdi-me em plena noite, luminosa e espiralada
Ao cair no negro vórtice letal de tuas retinas.
E é por isso que eu te peço: resta um pouco em minha vida
Que meus deuses estão mortos, minhas musas estão findas
E de ti eu só quisera fosses minha primavera
E só espero, Coisa Linda, dar-te muitas coisas lindas...

Rio, 1966

ESTUDO

Meu sonho (o mais caro)
Seria, sem tema
Fazer um poema
Como um dia claro.

E vê-lo, fantástico
No papel pautado
Ser parte e teclado
Poético e plástico.

Com rima ou sem rima
Livre ou metrificado
—Contanto que exprima
O impropositado

E que (o impossível
Talvez desejado)
Não fosse passível
De ser declamado.

Mas que o sonho fique
Na paz *sine die*
Ça c'est la musique
Avant la poésie.

ODE NO OCTONTENÁRIO DE MANUEL BANDEIRA

Paizinho:
(Ovalle chamava-te Paizinho...)
Quando os ponteiros do relógio se acertarem
À meia-noite do dia 21 de abril
Eu já estarei no mar, talvez nas costas da Bahia
E pensarei profundamente em ti, Poeta
Máximo.

ALEXANDRA, A CAÇADORA

Que Alexandre, o Grande é grande
Todos sabemos de cor
Mas nunca como Alexandra
Porque Alexandra é a maior!

Olhem bem o nome: rima
Com força locomotriz
Pode subir serra acima
Pode voar a Paris.

No entanto é nena pequena
Tamanho de um berço exato
Coube dentro de Madeleine
Cabe na mão de Renato.

Alexandra *Archer*: em francês
É Arqueira—fora ou não fora
Mas em língua brasileira
É Alexandra, a Caçadora!

Vai, caçadorinha, caça
A vida com as tuas setas
E caça o tempo que passa
No olhar triste dos poetas.

Porque, anjo, um já flechaste
De fato há muitos indícios…
— Broto de rosa ainda em haste
Não tem dúvida! — caçaste

O coração do Vinicius.

MEDO DE AMAR

O céu está parado, não conta nenhum segredo
A estrada está parada, não leva a nenhum lugar
A areia do tempo escorre de entre meus dedos
     Ai que medo de amar!

O sol põe em relevo todas as coisas que não pensam
Entre elas e eu, que imenso abismo secular...
As pessoas passam, não ouvem os gritos do meu silêncio
     Ai que medo de amar!

Uma mulher me olha, em seu olhar há tanto enlevo
Tanta promessa de amor, tanto carinho para dar
Eu me ponho a soluçar por dentro, meu rosto está seco
     Ai que medo de amar!

Dão-me uma rosa, aspiro fundo em seu recesso
E parto a cantar canções, sou um patético jogral
Mas viver me dói tanto! e eu hesito, estremeço...
     Ai que medo de amar!

E assim me encontro: entro em crepúsculo, entardeço
Sou como a última sombra se estendendo sobre o mar
Ah, amor, meu tormento!... como por ti padeço...
     Ai que medo de amar!

Petrópolis, fevereiro de 1963

CEMITÉRIO MARINHO

Tal como anjos em decúbito
A conversar com o céu baixinho
Existem cerca de cem túmulos
Num lindo cemiteriozinho
Que eu, a passeio, descobri
Um dia em Sidi Bou Said.

Mal defendidos por uns muros
Erguidos ao sabor da morte
Eu nunca vi mortos tão puros
Mortos assim com tanta sorte
As lajes de cal como túnicas
Brancas, e árabes; não púnicas.

Sim, porque cemiteriozinho
Nunca se viu assim tão árabe
Feito o beduíno que é sozinho
Ante o deserto que lhe cabe
E mudo em face do horizonte
Sem uma sombra que o confronte.

Pequenos paralelepípedos
Fendidos uns, conforme o sexo
Eis suas lápides: antípodas
Das que se vêem num cemitério
De gente do nosso pigmento:
Os nossos mortos de cimento.

Quem se deixar de tarde ali
Isento de mágoa ou conflito
A olhar o mar (sem Valéry!)
Como um espelho de infinito
E o céu como um anti-recôncavo:
Como o convexo de um côncavo

Acabará (comigo deu-se!)
Ouvindo os mortos cochicharem
Alegremente, eles e Deus
Mas não o nosso: o Deus dos árabes
Que não fez Sidi Bou Said
Para os prazeres de André Gide

Mas sim porque a vida segue
E o tempo pára, e a morte é um canto
Porque morrer é coisa alegre
Para quem vive e sofre tanto
Como no cemiteriozinho, ali
Ao céu de Sidi Bou Said.

Sidi Bou Said, outubro de 1963
Florença, novembro de 1963

SONETO NA MORTE DE JOSÉ ARTHUR DA FROTA MOREIRA

Cantamos ao nascer o mesmo canto
De alegria, de súplica e de horror
E a mulher nos surgiu no mesmo encanto
Na mesma dúvida e na mesma dor.

Criamos toda a sedução, e tanto
Que de nós seduzido, o sedutor
Morreu nas mesmas lágrimas de amor
Ao milagre maior do amor em pranto.

Fui um pouco teu cão e teu mendigo
E tu, como eu, mendigo de outro pão
Sempre guardaste o pão do teu amigo

Meu misterioso irmão, sigo contigo
Há tanto, tanto tempo, mão na mão...
Ouve como me chora o coração.

EXUMAÇÃO DE MÁRIO DE ANDRADE

No 17º ano da sua morte
e no 40º do seu nascimento na Semana de Arte Moderna

Minha casa de Saint Andrews Place.
Duas da manhã. Abro uma gaveta
Com um gesto sem finalidade
E dou com o retrato do poeta
Me olhando, Mário de Andrade.

Seus olhos nem por um segundo
Piscam. O poeta me encara
E eu vejo pela sua cara
Que o poeta quer ser exumado
Daquela gaveta desde muito.

Tiro-o de lá. Com mão amiga
Limpo a poeira que lhe embaça
O rosto e suja-lhe a camisa
E o poeta como que acha graça.

Busco um lugar onde instalá-lo
Na minha pequena sala fria
Essa sala tão sem poesia
Onde me encontro todo dia
E onde me sento e onde me calo.

Mas não acho. Ponho-o à minha frente
Sobre a mesa, já sentindo a vertigem
Da sensação da forma virgem
Que assume de súbito o ambiente.

No papel branco palpitante
Das moléculas da poesia
A minha mão psicografa
O antigo nome de Maria.

E na sala transverberada
Pelo mistério da presença
Vai se corporificando imensa
A humana forma macerada.

Não tenho medo; mas meus pêlos
Eriçam-se na barba e no braço
Sinto pesar o puro espaço
Às mãos do poeta em meus cabelos.

Depois o toque cessa. Deixo
O poeta a gosto, para que ande
Por ali tudo, esmiuçando.
Depois ouço o som do piano
E olho: vejo a vasta fronte
Os óculos e o queixo grande
Do poeta se desincorporando.

E fico só: só como um vivo
Cheio de angústia e de saudade
E corro à porta, e olhando aflito
O silêncio, murmuro empós o amigo:
  —Volte sempre, Mário de Andrade...

Los Angeles, outubro de 1946
Petrópolis, fevereiro de 1962

OS HOMENS DA TERRA

Em homenagem aos trabalhadores da terra
do Brasil, que enfim despertam e cuja luta
ora se inicia

Senhores Barões da Terra
Preparai vossa mortalha
Porque desfrutais da terra
E a terra é de quem trabalha
Bem como os frutos que encerra
Senhores Barões da Terra
Preparai vossa mortalha.
Chegado é o tempo de guerra
Não há santo que vos valha:
Não a foice contra a espada
Não o fogo contra a pedra
Não o fuzil contra a enxada:
— União contra granada!
— Reforma contra metralha!

Senhores Donos de Terra
Juntai vossa rica tralha
Vosso cristal, vossa prata
Luzindo em vossa toalha.
Juntai vossos ricos trapos
Senhores Donos de Terra
Que os nossos pobres farrapos

Nossa juta e nossa palha
Vêm vindo pelo caminho
Para manchar vosso linho
Com o barro da nossa guerra:
E a nossa guerra não falha!

Nossa guerra forja e funde
O operário e o camponês;
Foi ele quem fez o forno
Onde assa o pão que comeis,
Com seu martelo e seu torno
Sua lima e sua torquês,
Foi ele quem fez o forno
Onde assa o pão que comeis.

Nosso pão de cada dia
Feito em vossa padaria
Com o trigo que não colheis:
Nosso pão que forja e funde
O camponês e o operário
No forno onde coze o trigo
Para o pão que nos vendeis
Nas vendas do latifúndio
Senhor latifundiário!

Senhor Grileiro de Terra
É chegada a vossa yez
A voz que ouvis e que berra
É o brado do camponês
Clamando do seu calvário
Contra a vossa mesquinhez.
O café vos deu o ouro
Com que encheis vosso tesouro
A cana vos deu a prata
Que reluz em vosso armário
O cacau vos deu o cobre
Que atirais no chão do pobre
O algodão vos deu o chumbo
Com que matais o operário:
É chegada a vossa vez
Senhor latifundiário!

Em toda parte, nos campos
Junta-se à nossa outra voz
Escutai, Senhor dos campos
Nós já não somos mais sós.
Queremos bonança e paz
Para cuidar da lavoura
Ceifar o capim que dá
Colher o milho que doura

Queremos que a terra possa
Ser tão nossa quanto vossa
Porque a terra não tem dono
Senhores Donos de Terra.
Queremos plantar no outono
Para ter na primavera
Amor em vez de abandono
Fartura em vez de miséria.

Queremos paz, não a guerra
Senhores Donos de Terra...
Mas se ouvidos não prestais
Às grandes vozes gerais
Que ecoam de serra em serra
Então vos daremos guerra
Não há santo que vos valha:
Não a foice contra a espada
Não o fogo contra a pedra
Não o fuzil contra a enxada:
— Granada contra granada!
— Metralha contra metralha!
E a nossa guerra é sagrada
A nossa guerra não falha!

O PRANTEADO

Lavem bem o morto
Com bastante álcool
Depois passem creme
Depois passem talco
Esfreguem extrato
Por todo o seu corpo
Porque ele urinou-se
No último esforço.

—Que morto mais chato!
—Que morto mais porco!

Penteiem direito
Os cabelos do morto
E ajeitem-lhe o olho
Que está meio torto
Estiquem-lhe a pele
Com fita colante
Para que ele fique
Mais moço que antes.

—Que morto mais tosco!
—Que morto aberrante!

Passem o morto a ferro
Porque ele está frio
E façam-lhe a barba
Sem deixar um fio
Depois o maquilem
De um ar bem-disposto
Que o morto está lívido
Nas mãos e no rosto.

— Que morto mais brando!
— Que morto mais morto!

E façam-lhe as unhas
Com um tom de bom gosto
Cueca, camisa
E gravata fosca
Enfiem-lhe o colete
E o que de mais resta
E o seu terno escuro
Da última festa.

— Que morto mais duro!
— Que morto grã-fino!

E ponham o morto
Dentro de um caixão
E preguem-no a prego
Pelo sim e pelo não
E desçam o caixão
A uma sepultura
Escavada em sete
Metros de fundura.

—Que coisa cacete!
—Que boa criatura!

E deitem-lhe cal
E joguem-lhe terra
Que morto não fala
Que morto não berra
E ponham depois
Uma pedra em cima
E vão falar quietos
No café da esquina.

—Que o morto está quieto!
—Que o morto está firme!

E pensem, e cogitem
E matem-se aos poucos
E chorem e se agitem
Até ficar loucos
Que dentro do túmulo
Feito em escuridão
Já se ouvem uns sons ocos
Vindos do caixão

—Que o morto está rindo
Na sua prisão!

PARTE, E TU VERÁS

Parte, e tu verás
Como as coisas que eram, não são mais
E o amor dos que te esperam
Parece ter ficado para trás
E tudo o que te deram
Se desfaz.

Parte, e tu verás
Como se quedam mudos os que ficam
Como se petrificam
Os adeuses que ficaram a te acenar no cais
E como momentos que passaram apenas
Parecem tempos imemoriais.

Parte, e tu verás
Como o que era real resta impreciso
Como é preciso ir por onde vais
Com razão, sem razão, como é preciso
Que andes por onde estás.

Parte, e tu verás
Como insensivelmente esquecerás
Como a matéria de que é feito o tempo
Se esgarça, se dilui, se liquefaz
E qualquer novo sentimento
Te compraz.

Repara como um novo sofrimento
Te dá paz
Repara como vem o esquecimento
E como o justificas
E como mentes insensivelmente
Porque és, porque estás.

Ah, eterno limite do presente
Ah, corpo, cárcere onde jaz
O amor que parte e sente
Saudade, e tenta, mas
Para viver, subitamente mente
Que já não sabe mais.
Vida, o presente; morte, o ausente —

Parte, e tu verás...

1961

A VOCÊ, COM AMOR

O amor é o murmúrio da terra
Quando as estrelas se apagam
E os ventos da aurora vagam
No nascimento do dia...

O ridente abandono,
A rútila alegria
Dos lábios da fonte
E da onda que arremete
Do mar...

O amor é a memória
Que o tempo não mata,
A canção bem-amada
Feliz e absurda...

E a música inaudível...

O silêncio que treme
E parece ocupar
O coração que freme
Quando a melodia
Do canto de um pássaro
Parece ficar...

O amor é Deus em plenitude
A infinita medida
Das dádivas que vêm
Com o sol e com a chuva
Seja na montanha
Seja na planura
A chuva que corre
E o tesouro armazenado
No fim do arco-íris.

SONETO SENTIMENTAL À CIDADE DE SÃO PAULO

Ó cidade tão lírica e tão fria!
Mercenária, que importa? — basta! importa
Que à noite, quando te repousas morta
Lenta e cruel te envolve uma agonia

Não te amo à luz plácida do dia
Amo-te quando a neblina te transporta
Nesse momento, amante, abres-me a porta
E eu te possuo nua e fugidia.

Sinto como a tua íris fosforeja
Entre um poema, um riso e uma cerveja...
E que mal há se o lar onde se espera

Traz saudade de alguma Baviera
Se a poesia é tua, e em cada mesa
Há um pecador morrendo de beleza?

EPITALÂMIO II

Aprende a amar, Vinicius. Não terás
Professora melhor do que Lucinha.
Essa conhece à maravilha a artinha
Do amor; sabe o que quer; sabe o que faz.

Andaste léguas de mulher, Vinicius,
Para a encontrar, segundo confessaste.
Atenta no que tens; que ela te baste;
E diz, amigo e irmão, adeus aos vícios.

Uísque? Concedo, mas até a euforia
Apenas: porre é para dor de corno
—Esse abrasante, esse candente forno,
Matriz danada da pior poesia.

Amor não é só tema para verso,
Nem só fazer a tal *bête à deux dos*
—Coisa aliás bem gostosa, por quem sou
E por quem sois! prazer sumo e diverso.

Cultiva a flor azul da mulher única,
A *qui n'est chaque fois ni tout à fait
La même*, nem é outra; a mulher que é...
(Diabo! para rimar preciso a túnica!)

Aquela que é nós mesmo em outro ser;
A que, de uma beleza singular
Porque lhe amamos a alma, há de ficar
Mais linda à proporção que envelhecer...

A esposa que é também a companheira,
Não só a amante; a que é como... Lucinha,
Quem sabe, como a que Machado tinha,
Pôr num recanto o mundo e a vida inteira.

29/9/1959

ROMANCE DA AMADA E DA MORTE

A Rubem Braga

A noite apodrece. Exausto
O poeta sem sua Amada
Não tem nada que o conforte.
A lua em seu negro claustro
Corta os pulsos em holocausto
À sua saudade enorme.
Mas o poeta não tem nada
Não tem nada que o conforte.
Fumando o seu LM
O poeta sozinho teme
Pela sua própria sorte.
Seu corpo ausente passeia
Trajando camisa esporte.
Abre um livro: o pensamento
Além do texto o transporta.
Pega um papel: o poema
Recusa-se à folha morta.
Toma um café, bebe um uísque
O gosto de tudo é pobre.
Liga o rádio, lava o rosto
Põe um disco na vitrola
Os amigos telefonam
O poeta nem dá bola
O simpatil não o relaxa
O violão não o consola.
O poeta sozinho acha
A vida sem sua Amada

Uma grandíssima bosta.
E é então que de repente
Soa a campainha da porta.
O poeta não compreende
Quem pode ser a essas horas...
E abre; e se surpreende
Ao ver surgir dos batentes
Sua velha amiga, a Morte
Usando um negro trapézio
E sombra verde nas órbitas.
Ao redor das omoplatas
Um colar de quatro voltas
E as falangetas pintadas
Com um esmalte de tom sóbrio.
O poeta acha-a mais mundana
No auge da última moda
Com a maquilagem romana
E os quatro metros de roda.
A Morte lânguida o enlaça
Com todo o amor de seus ossos
Insinuando no poeta
Sua bacia e sua rótula.
Ao poeta, de tão sozinho
Tudo pouco se lhe importa
E por muito delicado
Faz um carinho na Morte.
A Morte gruda-se a ele
Beija-o num louco transporte
O poeta serve-lhe um uísque
Muda o disco na vitrola.

A Morte sorri feliz
Como quem canta vitória
Ao ver o poeta tão triste
Tão fraco, tão provisório.
Enche-lhe bem a caveira
Sai dançando um *rock-and-roll*
Retorcendo-se do cóccix
E trescalando a necrose.
Depois senta-se ao seu lado
Faz-lhe uma porção de histórias...
O poeta deixa, infeliz
Sentindo o seu organismo
Ir aderindo ao da Morte.
Começa a inchar o seu fígado
Seu coração bate forte
Seu ventre tem borborigmos
Sente espasmos pelo cólon.
O poeta fuma que fuma
O poeta sofre que sofre
Sai-lhe o canino do alvéolo
Sua pele se descolore.
A Morte toma-lhe o pulso
Ausculta-o de estetoscópio
Apalpa a sua vesícula
Olha-lhe o branco dos olhos.
Nas suas artérias duras
Há sintomas de esclerose
Seu fígado está perfeito
Para uma boa cirrose.
Quem sabe câncer do sangue

Quem sabe arteriosclerose...
A Morte está satisfeita
Ao lado do poeta deita
E dorme um sono de morte.

E é então que de repente
Soa a campainha de fora.
O poeta não compreende
Quem pode ser a essas horas...
A Morte se deixa à espreita
Envolta no seu lençol
Enquanto gira o poeta
A maçaneta da porta.
A Amada entra como o sol
Como a chuva, como o mar
Envolve o poeta em seus braços
Seus belos braços de carne
Beija o poeta com sua boca
Com sua boca de lábios
Olha o poeta com seus olhos
Com seus olhos de luar
Banha-o todo de ternura
De uma ternura de água.
Não veste a Amada trapézio
Nem outra linha qualquer
Não está de cal maquilada
Nem usa sombra sequer.
A Amada é a coisa mais linda
A Amada é a coisa mais forte
A Amada é a coisa mulher.

A Morte, desesperada
Num transporte de ciúme
Atira-se contra a Amada.
A Amada luta com a Morte
Da meia-noite à alvorada
Morde a Morte, mata a Morte
Joga a Morte pela escada
Depois vem e se repousa
Tendo o poeta ao seu lado
E sorri, conta-lhe coisas
Para alegrar seu estado
E entreabre seu corpo moço
Para acolher seu amado.
O poeta sente seu sangue
Circular desafogado
Sua pressão baixa a 12
Seu pulso bate normal
De seu fígado a cirrose
Faz a pista apavorada
A matéria esclerosante
Fica desesclerosada
Desaparece a extra-sístole
Seu cólon cala os espasmos
Equilibra-se de súbito.
Todo o seu vagossimpático
Corre-lhe o plasma contente
Cheio de rubras hematias
O dente ajusta-se ao alvéolo
Fica-lhe a pele rosada.
Tudo isso porque o poeta

Não é poeta, não é nada
Quando a sua bem-amada
Larga-o à morte, se ausente
De sua luz e do seu ar
Por isso que a ausência é a morte
É a morte mais tristemente
É a morte mais devagar.

Montevidéu, 14/10/1958

ELEGIA DE PARIS

Maintenant j'ai trop vu. Neste momento
Eu gostaria de esquecer as prostitutas de Amsterdam
Em seus mostruários, e os modelos
De Dior, comendo *croque-monsieur* com gestos
Japoneses, na *terrasse* do Hotel-des-Théâtres. O que
Eu gostaria agora era de ver-te surgir no claustro do meu sonho
Como uma tarde finda. Ah,
Ânsia de rever-te! ou de rever
O brilho de uma abotoadura de ouro—lembras-te?—caída
                                        [no ralo da pia do velho.

St. Thomas d'Aquin... há quanto tempo?
Não sei mais! Entrementes
A morte fez-se extraordinariamente próxima e por vezes
Tão doce, tão... Tem uma face amiga —
É a tua face, amiga?

A SANTA DE SABARÁ

À gravadora chilena Graciela Fuenzalida,
que trocou o mundo por Sabará

A um grito da Ponte Velha
Existe a "Pensão das Gordas"
(Cantou-as Mário de Andrade!)
Em Sabará. Na alpendrada
Sobre o rio que escorrega
A pensão mira a cidade
Ladeira acima. Na Páscoa
As quaresmeiras da serra
São manchas roxas de mágoa
E de manhã bem cedinho
A névoa pousa na terra
Como uma anágua de linho.
A cidade se espreguiça
Nas cores do casario
Que vive a pular carniça
Nas rampas de beira-rio.
E é doce vê-la sorrindo
Aos anjos do Aleijadinho
Que na portada do Carmo
Com bochechas inchadas
Assopram, de tanto frio.
Há paz na velha cidade
Uma paz de fazer longe...
A não ser na identidade
De certa dona chilena
Uma de rosto de monja

Corpo seco, tez serena
E que, na "Pensão das Gordas"
Onde há seis anos assiste
Desde o momento em que acorda
Vive, e nem sabe que existe
Entalhando na madeira
As horas mais dolorosas
Da Paixão de Jesus Cristo.
Atende por Graciela
Mas não atende a ninguém
Que não tenha como ela
A grande paixão do bem.
Sempre fechada em seu quarto
Mesmo à feição de uma freira
As suas dores do parto
Doem na carne de madeira
Onde ela entalha o fervor
De tudo o que há de mais casto
O rebanho e o bom pastor
O burrinho no seu pasto.
E às vezes, na nostalgia
Quem sabe, do mundo fora
Grava com luzes de aurora
Com milagres da poesia.

O viajante que passa
Itinerante por lá
Não se espante se, na aurora
Ou à luz crepuscular
Vir o vulto iluminado
De um belo arcanjo pousado
Guardando a casa onde mora
A santa de Sabará.

O SACRIFÍCIO DO VINHO

Contra o crepúsculo
O vinho assoma, exulta, sobreleva
Muda o cristal da tarde em rubra pompa
Ganha som, ganha sangue, ganha seios
Contra o crepúsculo o vinho
Menstrua a tarde.

Ah, eu quero beber do vinho em grandes haustos
Eu quero os longos dedos líquidos
Sobre meus olhos, eu quero
A úmida língua…

O céu da minha boca
É uma cúpula imensa para a acústica
Do vinho, e seu eco de púrpura…
O cantochão do vinho
Cresce, vermelho, entre muralhas súbitas
Carregado de incenso e paciência.
As sinetas litúrgicas
Erguem a taça ardente contra a tarde
E o vinho, transubstanciado, bate asas
Voa para o poente
O vinho…

Uma coisa é o vinho branco
O primeiro vinho, linfa da aurora impúbere
Sobre a morte dos peixes.
Mas contra a noite ei-lo que se levanta
Varado pelas setas do poente
Transverberado, o vinho...
E o seu sangue se espalha pelas ruas
Inunda as casas, pinta os muros, fere
As serpentes do tédio; dentro
Da noite o vinho
Luta como um Laocoonte
O vinho...

Ah, eu quero beijar a boca moribunda
Fechar os olhos pânicos
Beber a áspera morte
Do vinho.

Paris, 1957

A PERDIDA ESPERANÇA

De posse deste amor que é, no entanto, impossível
Este amor esperado e antigo como as pedras
Eu encouraçarei o meu corpo impassível
E à minha volta erguerei um alto muro de pedras.

E enquanto perdurar tua ausência, que é eterna
Por isso que és mulher, mesmo sendo só minha
Eu viverei trancado em mim como no inferno
Queimando minha carne até sua própria cinza.

Mas permanecerei imutável e austero
Certo de que, de amor, sei o que ninguém soube
Como uma estátua prisioneira de um castelo
A mirar sempre além do tempo que lhe coube.

E isento ficarei das antigas amadas
Que, pela lua cheia, em rápidas sortidas
Ainda vêm me atirar flechas envenenadas
Para depois beber-me o sangue das feridas.

E assim serei intacto, e assim serei tranqüilo
E assim não sofrerei da angústia de revê-las
Quando, tristes e fiéis como lobas no cio
Se puserem a rondar meu castelo de estrelas.

E muito crescerei em alta melancolia
Todo o canto meu, como o de Orfeu pregresso
Será tão claro, de uma tão simples poesia
Que há de pacificar as feras do deserto.

Farto de saber ler, saberei ver nos astros
A brilharem no azul da abóbada no Oriente
E beijarei a terra, a caminhar de rastros
Quando a lua no céu contar teu rosto ausente.

Eu te protegerei contra o Íncubo
Que te espreita por trás da Aurora acorrentada
E contra a legião dos monstros do Poente
Que te querem matar, ó impossível amada!

Paris, 1957

NOTURNO DE GENEBRA

A única coisa a fazer seria trazer a estátua da Liberdade para
    [tomar *un p'tit bain* no repuxo do lago de Genebra:
Isso resolveria a situação entre a França e a América do Norte
    [e ao mesmo tempo a falta de bidês nos Estados Unidos.

Ninguém nunca se esqueceria de um tal espetáculo, mesmo
    [depois das experiências feitas com a bomba H
E a bunda de Marilyn Monroe. Talvez desse espetáculo
Só semelhante ao soerguimento das pirâmides ou à queda
    [do Colosso de Rodes.

O POETA E A LUA

Em meio a um cristal de ecos
O poeta vai pela rua
Seus olhos verdes de éter
Abrem cavernas na lua.
A lua volta de flanco
Eriçada de luxúria
O poeta, aloucado e branco
Palpa as nádegas da lua.
Entre as esferas nitentes
Tremeluzem pêlos fulvos
O poeta, de olhar dormente
Entreabre o pente da lua.
Em frouxos de luz e água
Palpita a ferida crua
O poeta todo se lava
De palidez e doçura.
Ardente e desesperada
A lua vira em decúbito
A vinda lenta do espasmo
Aguça as pontas da lua.
O poeta afaga-lhe os braços
E o ventre que se menstrua
A lua se curva em arco
Num delírio de volúpia.
O gozo aumenta de súbito
Em frêmitos que perduram
A lua vira o outro quarto
E fica de frente, nua.
O orgasmo desce do espaço
Desfeito em estrelas e nuvens

Nos ventos do mar perpassa
Um salso cheiro de lua
E a lua, no êxtase, cresce
Se dilata e alteia e estua
O poeta se deixa em prece
Ante a beleza da lua.
Depois a lua adormece
E míngua e se apazigua...
O poeta desaparece
Envolto em cantos e plumas
Enquanto a noite enlouquece
No seu claustro de ciúmes.

SONETO DA ROSA

Mais um ano na estrada percorrida
Vem, como o astro matinal, que a adora
Molhar de puras lágrimas de aurora
A morna rosa escura e apetecida.

E da fragrante tepidez sonora
No recesso, como ávida ferida
Guardar o plasma múltiplo da vida
Que a faz materna e plácida, e agora

Rosa geral de sonho e plenitude
Transforma em novas rosas de beleza
Em novas rosas de carnal virtude

Para que o sonho viva da certeza
Para que o tempo da paixão não mude
Para que se una o verbo à natureza.

Rio, 1944

AMOR

Vamos brincar, amor? vamos jogar peteca
Vamos atrapalhar os outros, amor, vamos sair correndo
Vamos subir no elevador, vamos sofrer calmamente e sem
[precipitação?
Vamos sofrer, amor? males da alma, perigos
Dores de má fama íntimas como as chagas de Cristo
Vamos, amor? vamos tomar porre de absinto
Vamos tomar porre de coisa bem esquisita, vamos
Fingir que hoje é domingo, vamos ver
O afogado na praia, vamos correr atrás do batalhão?
Vamos, amor, tomar *thé* na Cavé com madame de Sevignée
Vamos roubar laranja, falar nome, vamos inventar
Vamos criar beijo novo, carinho novo, vamos visitar
[N. Sra. do Parto?
Vamos, amor? vamos nos persuadir imensamente dos
[acontecimentos vagos
Vamos fazer neném dormir, botar ele no urinol
Vamos, amor?
— Porque excessivamente grave é a Vida.

SONETO DA MULHER INÚTIL

De tanta graça e de leveza tanta
Que quando sobre mim, como a teu jeito
Eu tão de leve sinto-te no peito
Que o meu próprio suspiro te levanta.

Tu, contra quem me esbato liquefeito
Rocha branca! brancura que me espanta
Brancos seios azuis, nívea garganta
Branco pássaro fiel com que me deito.

Mulher inútil, quando nas noturnas
Celebrações, náufrago em teus delírios
Tenho-te toda, branca, envolta em brumas

São teus seios tão tristes como urnas
São teus braços tão finos como lírios
É teu corpo tão leve como plumas.

Rio, 1942

BALADA DO MORTO VIVO

Tatiana, hoje vou contar
O caso do Inglês espírito
Ou melhor: do morto vivo.

Diz que mesmo sucedeu
E a dona protagonista
Se quiser pode ser vista
No hospício mais relativo
Ao sítio onde isso se deu.

Diz também que é muito raro
Que por mais cético o ouvinte
Não passe uma noite em claro:
Sendo assim, por conseguinte
Se quiser diga que eu paro.

Se achar que é mentira minha
Olhe só para essa pele
Feito pele de galinha...

Dou início: foi nos faustos
Da borracha do Amazonas.
Às margens do rio Negro
Sobre uma balsa habitável
Um dia um casal surgiu
Ela chamada Lunalva
Formosa mulher de cor
Ele por alcunha Bill
Um inglês comercial
Agente da Rubber Co.

Mas o fato é que talvez
Por ter nascido na Escócia
E ser portanto escocês
Ninguém de Bill o chamava
Com exceção de Lunalva
Mas simplesmente de Inglês.

Toda manhã que Deus dava
Lunalva com muito amor
Fazia um café bem quente
Depois o Inglês acordava
E o homem saía contente
Fumegando o seu cachimbo
Na sua lancha a vapor.

Toda manhã que Deus dava.

Somente com o sol-das-almas
O Inglês à casa voltava.

Que coisa engraçada: espia
Como só de pensar nisso
Meu cabelo se arrepia…

Um dia o Inglês não voltou.

A janta posta, Lunalva
Até o cerne da noite
Em pé na porta esperou.

Uma eu lhe digo, Tatiana:
A lua tinha enloucado
Nesse dia da semana…
Era uma lua tão alva
Era uma lua tão fria
Que até mais frio fazia
No coração de Lunalva.

No rio negroluzente
As árvores balouçantes
Parecia que falavam
Com seus ramos tateantes
Tatiana, do incidente.

Um constante balbucio
Como o de alguém muito em mágoa
Parecia vir do rio.

Lunalva, num desvario
Não tirava os olhos da água.

Às vezes, dos igapós
Subia o berro animal
De algum jacaré feroz
Praticando o amor carnal
Depois caía o silêncio…

E então voltava o cochicho
Da floresta, entrecortado
Pelo rir mal-assombrado
De algum mocho excomungado
Ou pelo uivo de algum bicho.

Na porta em luzcancarada
Só Lunalva, lunalvada.

Súbito, ó Deus justiceiro!
Que é esse estranho ruído?
Que é esse escuro rumor?
Será um sapo-ferreiro
Ou é o moço meu marido
Na sua lancha a vapor?

Na treva sonda Lunalva...
Graças, meu Pai! Graças mil!
Aquele vulto... era o Bill
A lancha... era a *Arimedalva*!

"Ah, meu senhor, que desejo
De rever-te em casa em paz...
Que frio que está teu beijo!
Que pálido, amor, que estás!"

Efetivamente o Bill
Talvez devido à friagem
Que crepitava do rio
Voltara dessa viagem
Muito branco e muito frio.

"Tenho nada, minha nega
Senão fome e amor ardente
Dá-me um trago de aguardente
Traz o pão, passa a manteiga!
E aproveitando do ensejo
Me apaga esse lampião
Estou morrendo de desejo
Amemos na escuridão!"

Embora estranhando um pouco
A atitude do marido
Lunalva tira o vestido
Semilouca de paixão.

Tatiana, naquele instante
Deitada naquela cama
Lunalva se surpreendeu
Não foi mulher, foi amante
Agiu que nem mulher-dama
Tudo o que tinha lhe deu.

No outro dia, manhãzinha
Acordando estremunhada
Lunalva soltou risada
Ao ver que não estava o Bill.

Muito Lunalva se riu
Vendo a mesa por tirar.

Indo se mirar no espelho
Lunalva mal pôde andar
De fraqueza no joelho.

E que olhos pisados tinha!

Não rias, pobre Lunalva
Não rias, morena flor
Que a tua agora alegria
Traz a semente do horror!

Eis senão quando, no rio
Um barulho de motor.

À porta Lunalva voa
A tempo de ver chegando
Um bando de montarias
E uns cabras dentro remando
Tudo isso acompanhando
A lancha a vapor do Bill
Com um corpo estirado à proa.

Tatiana, põe só a mão:
Escuta como dispara
De medo o meu coração.

Em frente da balsa pára
A lancha com o corpo em cima
Os caboclos se descobrem
Lunalva que se aproxima
Levanta o pano, olha a cara
E dá um medonho grito.

"Meu Deus, o meu Bill morreu!
Por favor me diga, mestre
O que foi que aconteceu?"

E o mestre contou contado:
O Inglês caíra no rio
Tinha morrido afogado.

Quando foi?... ontem de tarde.

Diz que ninguém esqueceu
A gargalhada de louca
Que a pobre Lunalva deu.

Isso não é nada, Tatiana:
Ao cabo de nove luas
Um filho varão nasceu.

O filho que ela pariu
Diz que, Tatiana, diz que era
A cara escrita do Bill:

A cara escrita e escarrada...

Diz que até hoje se escuta
O riso da louca insana
No hospício, de madrugada.

É o que lhe digo, Tatiana...

VALSA À MULHER DO POVO

OFERENDA

Oh minha amiga da face múltipla
Do corpo periódico e geral!
Lúdica, efêmera, inconsútil
Musa central-ferroviária!
Possa esta valsa lenta e súbita
Levemente copacabanal
Fazer brotar do povo a flux
A tua imagem abruptamente
Ó antideusa!

VALSA

Te encontrarei na barca *Cubango*, nas amplas salas da
[*Cubango*
Vestida de tangolomango
Te encontrarei!
Te encontrarei nas brancas praias, pelas pudendas brancas
[praias
Itinerante de gandaias
Te encontrarei. Te encontrarei nas feiras livres
Entre moringas e vassouras, emolduradas de cenouras
Te encontrarei. Te encontrarei tarde na rua
De rosto triste como a lua, passando longe como a lua
Te encontrarei. Te encontrarei, te encontrarei
Nos longos *footings* suburbanos, tecendo os sonhos mais
[humanos
Capaz de todos os enganos
Te encontrarei. Te encontrarei nos cais noturnos
Junto a marítimos soturnos, sombras de becos taciturnos
Te encontrarei. Te encontrarei, oh mariposa
Oh *taxi-girl*, oh *virginete* pregada aos homens a alfinete
De corpo saxe e clarinete
Te encontrarei. Oh pulcra, oh pálida, oh pudica
Oh grã-cupincha, oh nova-rica
Que nunca sais da minha dica: sim, eu irei
Ao teu encontro onde estiveres
Pois que assim querem os malmequeres
Porque és tu santa entre as mulheres
Te encontrarei!

MENSAGEM À POESIA

Não posso
Não é possível
Digam-lhe que é totalmente impossível
Agora não pode ser
É impossível
Não posso.

Digam-lhe que estou tristíssimo, mas não posso ir esta noite
[ao seu encontro.

Contem-lhe que há milhões de corpos a enterrar
Muitas cidades a reerguer, muita pobreza pelo mundo.
Contem-lhe que há uma criança chorando em alguma
[parte do mundo
E as mulheres estão ficando loucas, e há legiões delas
[carpindo
A saudade de seus homens; contem-lhe que há um vácuo
Nos olhos dos párias, e sua magreza é extrema; contem-lhe
Que a vergonha, a desonra, o suicídio rondam os lares,
[e é preciso reconquistar a vida.
Façam-lhe ver que é preciso eu estar alerta, voltado para
[todos os caminhos
Pronto a socorrer, a amar, a mentir, a morrer se for preciso.
Ponderem-lhe, com cuidado—não a magoem...—que se
[não vou
Não é porque não queira: ela sabe; é porque há um herói
[num cárcere
Há um lavrador que foi agredido, há uma poça de sangue
[numa praça.

Contem-lhe, bem em segredo, que eu devo estar prestes,
[que meus
Ombros não se devem curvar, que meus olhos não se devem
Deixar intimidar, que eu levo nas costas a desgraça dos
[homens
E não é o momento de parar agora; digam-lhe, no entanto
Que sofro muito, mas não posso mostrar meu sofrimento
Aos homens perplexos; digam-lhe que me foi dada
A terrível participação, e que possivelmente
Deverei enganar, fingir, falar com palavras alheias
Porque sei que há, longínqua, a claridade de uma aurora.
Se ela não compreender, oh procurem convencê-la
Desse invencível dever que é o meu; mas digam-lhe
Que, no fundo, tudo o que estou dando é dela, e que me
Dói ter de despojá-la assim, neste poema; que por outro lado
Não devo usá-la em seu mistério: a hora é de esclarecimento
Nem debruçar-me sobre mim quando a meu lado
Há fome e mentira; e um pranto de criança sozinha numa
[estrada
Junto a um cadáver de mãe; digam-lhe que há
Um náufrago no meio do oceano, um tirano no poder,
[um homem
Arrependido; digam-lhe que há uma casa vazia
Com um relógio batendo horas; digam-lhe que há um grande
Aumento de abismos na terra, há súplicas, há vociferações
Há fantasmas que me visitam de noite
E que me cumpre receber; contem a ela da minha certeza
No amanhã
Que sinto um sorriso no rosto invisível da noite
Vivo em tensão ante a expectativa do milagre; por isso

Peçam-lhe que tenha paciência, que não me chame agora
Com a sua voz de sombra; que não me faça sentir covarde
De ter de abandoná-la neste instante, em sua imensurável
Solidão; peçam-lhe, oh peçam-lhe que se cale
Por um momento, que não me chame
Porque não posso ir
Não posso ir
Não posso.

Mas não a traí. Em meu coração
Vive a sua imagem pertencida, e nada direi que possa
Envergonhá-la. A minha ausência
É também um sortilégio
Do seu amor por mim. Vivo do desejo de revê-la
Num mundo em paz. Minha paixão de homem
Resta comigo; minha solidão resta comigo; minha
Loucura resta comigo. Talvez eu deva
Morrer sem vê-la mais, sem sentir mais
O gosto de suas lágrimas, olhá-la correr
Livre e nua nas praias e nos céus
E nas ruas da minha insônia. Digam-lhe que é esse
O meu martírio; que às vezes
Pesa-me sobre a cabeça o tampo da eternidade e as poderosas
Forças da tragédia abatem-se sobre mim, e me impelem
[para a treva
Mas que eu devo resistir, que é preciso...
Mas que a amo com toda a pureza da minha passada
[adolescência
Com toda a violência das antigas horas de contemplação
[extática

Num amor cheio de renúncia. Oh, peçam a ela
Que me perdoe, ao seu triste e inconstante amigo
A quem foi dado se perder de amor pelo seu semelhante
A quem foi dado se perder de amor por uma pequena casa
Por um jardim de frente, por uma menininha de vermelho
A quem foi dado se perder de amor pelo direito
De todos terem uma pequena casa, um jardim de frente
E uma menininha de vermelho; e se perdendo
Ser-lhe doce perder-se…
Por isso convençam a ela, expliquem-lhe que é terrível
Peçam-lhe de joelhos que não me esqueça, que me ame
Que me espere, porque sou seu, apenas seu; mas que agora
É mais forte do que eu, não posso ir
Não é possível
Me é totalmente impossível
Não pode ser não
É impossível
Não posso.

BALANÇO DO FILHO MORTO

Homem sentado na cadeira de balanço
Sentado na cadeira de balanço
Na cadeira de balanço
De balanço
Balanço do filho morto.

Homem sentado na cadeira de balanço
Todo o teu corpo diz que sim
Teu corpo diz que sim
Diz que sim
Que sim, teu filho está morto.

Homem sentado na cadeira de balanço
Como um pêndulo, para lá e para cá
O pescoço fraco, a perna triste
Os olhos cheios de areia
Areia do filho morto.

Nada restituirá teu filho à vida
Homem sentado na cadeira de balanço
Tua meia caída, tua gravata
Sem nó, tua barba grande
São a morte
        são a morte
A morte do filho morto.

Silêncio de uma sala: e flores murchas.
Além um pranto frágil de mulher
Um pranto... o olhar aberto sobre o vácuo
E no silêncio a sensação exata
Da voz, do riso, do reclamo débil.
Da órbita cega os olhos dolorosos
Fogem, moles, se arrastam como lesmas
Empós a doce, inexistente marca
Do vômito, da queda, da mijada
Do braço foge a tresloucada mão
Para afagar a imponderável luz
De um cabelo sem som e sem perfume.
Fogem da boca lábios pressurosos
Para o beijo incolor na pele ausente.
Nascem ondas de amor que se desfazem
De encontro à mesa, à estante, à pedra-mármore.
Outra coisa não há senão o silêncio
Onde com pés de gelo uma criança
Brinca, perfeitamente transparente
Sua carne de leite, rosa e talco.
Pobre pai, pobre, pobre, pobre, pobre
Sem memória, sem músculo, sem nada
Além de uma cadeira de balanço
No infinito vazio... o sofrimento
Amordaçou-te a boca de amargura
E esbofeteou-te palidez na cara.
Ergues nos braços uma imagem pura
E não teu filho; jogas para cima
Um bocado de espaço e não teu filho
Não são cachos que sopras, porém cinzas

A asfixiar o ar onde respiras.
Teu filho é morto; talvez fosse um dia
A pomba predileta, a glória, a messe
O teu porvir de pai; mas novo e tenro
Anjo, levou-o a morte com cuidado
De vê-lo tão pequeno e já exausto
De penar—e eis que agora tudo é morte
Em ti, não tens mais lágrimas, e amargo
É o cuspo do cigarro em tua boca.
Mas deixa que eu te diga, homem temente
Sentado na cadeira de balanço
Eu que moro no abismo, eu que conheço
O interior da entranha das mulheres
Eu que me deito à noite com os cadáveres
E liberto as auroras do meu peito:
Teu filho não morreu! a fé te salva
Para a contemplação da sua face
Hoje tornada a pequenina estrela
Da tarde, a jovem árvore que cresce
Em tua mão: teu filho não morreu!
Uma eterna criança está nascendo
Da esperança de um mundo em liberdade.
Serão teus filhos, todos, homem justo
Iguais ao filho teu; tira a gravata
Limpa a unha suja, ergue-te, faz a barba
Vai consolar tua mulher que chora...
E que a cadeira de balanço fique
Na sala, agora viva, balançando
O balanço final do filho morto.

O CROCODILO

O crocodilo que do Nilo
Ainda apavora a cristandade
Pode ser dócil como o filho
Que chora ao ver-se desamado.

Mas nunca como ele injusto
Que se ergue hediondo de manhã
E vai e espeta um grampo justo
No umbigo de sua própria mãe.

O crocodilo espreita a garça
Sim, mas por fome, e se restringe
Mas e o filho, que à pobre ave
Acompanha no Y do estilingue?

A lama pode ser um berço
Para um crocodiliano
No entanto o filho come o esterco
Apenas porque a mãe diz não.

Tem o crocodilo um amigo
Num pássaro que lhe palita
Os dentes e o alerta ao perigo:
Mas no filho, quem acredita?

O filho sai e esquece a mãe
E insulta o outro e o outro o insulta
É ver o simples caimão
Que nunca diz: filho-da-puta!

O crocodilo tem um sestro
De cio: guia-se pelo olfato
Mas o filho pratica o incesto
Absolutamente *ipso facto*.

Chamam ao pequeno crocodilo
Paleosuchus palpebrosus
Porém o que me admira é o filho
Que vive em pálpebras de ócio.

O filho é um monstro. E uma vos digo
Ainda por píssico me tomem:
Nunca verei um crocodilo
Chorando lágrimas de homem.

EPITALÂMIO

Esta manhã a casa madruguei.
Havia elfos alados nos gelados
Raios de sol da sala quando entrei.
Sentada na cadeira de balanço
Resplendente, uma fada balançava-se
Numa poça de luz. Minha chegada
Gigantesca assustou os gnomos mínimos
Que vertiginosamente se escoaram
Pelas frinchas dos rodapés. A estranha
Presença matinal do ser noturno
Desencadeou no cerne da matéria
O entusiasmo dos átomos. Coraram
Os móveis decapês, tremeram os vidros
Estalaram os armários de alegria.
Eram os claros cristais de luz tão frágeis
Que ao tocar um, desfez-se nos meus dedos
Em poeira translúcida, vibrando
Tremulinas e arpejos inefáveis.
Era o inverno, ainda púbere. Bebi
Sofregamente um grande copo de ar
E recitei o meu epitalâmio.
Nomes como uma flor, uma explosão
De flor, vieram da infância envolta em trevas
Penetrados de vozes. Num segundo
Pensei ver o meu próprio nascimento
Mas fugi, tive medo. Não devera
A poesia…

Tão extremo era o transe matutino
Que pareceu-me haver perdido o peso

E esquecido dos meus trinta e quatro anos
Da clássica ruptura do menisco
E das demais responsabilidades
Pus-me a correr à volta do sofá
Atrás de prima Alice, a que morreu
De consumpção e me deixava triste.
Infelizmente acrescentei em quilos
E logo me cansei; mas as asinhas
Nos calcanhares eram bimotores
A querer arrancar. Pé ante pé
Fui esconder-me atrás da geladeira
O corpo em bote, os olhos em alegria
Para esperar a entrada de Maria
A empregada da Ilha, também morta
Mas de doença de homem—que era aquela
Confusão de querer-se e malquerer-se
Aquela multiplicação de seios
Aquele desperdício de saliva
E mãos transfixiantes, nomes feios
E massas pouco a pouco se encaixando
Em decúbito, até a grande inércia
Cheia de mar (Maria era mulata!).
Depois foi Nina, a plácida menina
Dos pulcros atos sem concupiscência
Que me surgiu. Mandava-me missivas
Cifradas que eu, terrível flibusteiro
Escondia no muro de uma casa
(Esqueci de que casa…). Mas surpresa
Foi quando vi Alba surgir da aurora
Alba, a que me deixou examiná-la
Grande obstetra, com a lente de aumento

Dos textos em latim de meu avô
Alba, a que amava as lagartixas secas
Alba, a ridícula, morta de crupe.
Milagre da manhã recuperada!
A infância! Sombra, és tu? Até tu, Sombra...
Sombra, contralto, entre os paralelepípedos
Do coradouro do quintal. Oh, tu
Que me violaste, negra, sobre o linho
Muito obrigado, tenebroso Arcanjo
De ti me lembrarei! Bom dia, Linda
Como estás bela assim descalça, Linda
Vem comigo nadar! o mar é agora
A piscina de Onã, de lodo e alga...
Quantos cajus tu me roubaste, feia
Quanto silêncio em teus carinhos, Linda
Longe, nas águas... Sim! é a minha casa
É a minha casa, sim, a um grito apenas
Da praia! Alguém me chama, é a gaivota
Branca, é Marina! (A doida já chegava
Desabotoando o corpete de menina...)
Marina, como vais, jovem Marina
Deslembrada Marina... Vejo Vândala
A rústica, a operária, a compulsória
Que nos levava aos dez para os baldios
Da Fábrica, e como aos bilros, hábil
Aos dez de uma só vez manipulava
Em francas gargalhadas, e dizia
De mim: Ai, que este é o mais levado!
(Pela mulher, sim, Vândala, obrigado...)
E tu, Santa, casada, que me deste

O *Coração*, posto que de De Amicis
Tu que calçavas longamente as meias
Pretas que me tiraram o medo à treva
E às aranhas... some, jetatura
Masturbação, desassossego, insônia!
Mas tu, pequena Maja, sê bem-vinda:
Lembra-me tuas tranças; recitavas
Fazias ponto *à jour*, tocavas piano
Pequena Maja... Foi preciso um ano
De namoro fechado, irmão presente
Para me dares, louco, de repente
Tua mão, como um pássaro assustado.
No entanto, te esqueci ao ver Altiva
Princesa absurda, cega, surda e muda
Ao meu amor, embora me adorando
De adoração tão pura. Tua cítara
Me ensinou um ódio estúpido à *Elegia*
De Massenet. Confesso, dispensava a cítara
Ia beber desesperado. Mas
Foi contigo, Suave, que o poeta
Apreendeu o sentido da humildade.
Estavas sempre à mão. Telefonava:
Vamos? Vinhas. Inda virias. Tinhas
Um riso triste. Foi o nada quereres
Que tão pouco te deu, tristonha ave...
Quanta melancolia! No cenário
Púrpura, surges, pútrida, luética
Deusa amarela, circunscrita imagem...
Obrigado no entanto pelos êxtases
Aparentes; lembro-me que brilhava

Na treva antropofágica teu dente
De ouro, como um fogo em terra firme
Para o homem a nadar-te, extenuado.
Mas que não fuja ainda a enunciada
Visão... Clélia, adeus, minha Clélia, adeus!
Vou partir, pobre Clélia, navegar
No verde mar... vou me ausentar de ti!
Vejo chegar alguém que me procura
Alguém à porta, alguma desgraçada
Que se perdeu, a voz no telefone
Que não sei de quem é, a com que moro
E a que morreu... Quem és, responde!
És tu a mesma em todas renovada?

Sou eu! Sou eu! Sou eu! Sou eu! Sou eu!

PETITE HISTOIRE NATURELLE
(POEMA DE PAZES)

Ela dá beijos como dão mel
As abelhinhas do céu
Bichinhos tontos fazendo favos
Nos meus desejos, Deus meu!
Ah, que assim tantos e assim tão doces
Até os revendera eu —
Não fossem eles por mim comprados
Nem fosse a dona que os deu.

A AUSENTE

Amiga, infinitamente amiga
Em algum lugar teu coração bate por mim
Em algum lugar teus olhos se fecham à idéia dos meus
Em algum lugar tuas mãos se crispam, teus seios
Se enchem de leite, tu desfaleces e caminhas
Como que cega ao meu encontro...
Amiga, última doçura
A tranqüilidade suavizou a minha pele
E os meus cabelos. Só meu ventre
Te espera, cheio de raízes e de sombras.
Vem, amiga
Minha nudez é absoluta
Meus olhos são espelhos para o teu desejo
E meu peito é tábua de suplícios
Vem. Meus músculos estão doces para os teus dentes
E áspera é minha barba. Vem mergulhar em mim
Como no mar, vem nadar em mim como no mar
Vem te afogar em mim, amiga minha
Em mim como no mar...

O ASSASSINO

Meninas de colégio
Apenas acordadas
Desuniformizadas
Em vossos uniformes
Anjos longiformes
De faces rosadas
E pernas enormes
Quem vos acompanha?

Quem vos acompanha
Colegiais aladas
Nas longas estradas
Que vão da campanha
Às vossas moradas?
Onde está o pastor
Que vos arrebanha
Rebanho de risos?

Rebanho de risos
Que tingem o poente
Da cor impudente
Das coisas contadas
Entre tanto riso!
Meninas levadas
Não tendes juízo
Nas vossas cabeças?

Nas vossas cabeças
Como um cata-vento
Nem por um momento
A idéia vos passa
Do grande perigo
Que vos ameaça
E a que não dais tento
Meninas sem tino!

Pois não tendes tino
Brotos malfadados
Que aí pelos prados
Há um assassino
Que à vossa passagem
Põe olhos malvados
Por entre a folhagem…

Cuidado, meninas!

ALEXANDRINOS A FLORENÇA

Nessa tarde toscana, hermética e remota,
Verde sinistro sobre antiga terracota,
De onde, cinzento-azuis, ímã-ferrugem, surgem
Cúpulas, torres, claustros, campos: renascença
Das coisas que passaram mas que urgem; nessa
Tarde em Florença, ah que serenidade imensa
Nessa tarde em que tudo parecia ir dar
No Arno e deslizar no mesmo lugar, na
Ponte Vecchio; ou na Piazza della Signoria
Quando, sob a luz mais exata, a estatuaria
Parecia lembrar... Nessa tarde em colinas
Florentinas, quanta meditação nos campos
De oliva e feno, imarcescíveis; quanta voz
Silenciante... e aquele cipreste imenso
No poente, imóvel... vulto secular de Dante
Penando a morte imemorial da bem-amada...

Rio, 19/5/1953

SONETO DO BREVE MOMENTO

Plumas de ninhos em teus seios; urnas
De rubras flores no teu ventre; flores
Por todo corpo teu, terso das dores
De primaveras loucas e noturnas.

Pântanos vegetais em tuas pernas
A fremir de serpentes e de sáurios
Itinerantes, pelos multivários
Rios de águas estáticas e eternas.

Feras bramindo nas estepes frias
De tuas brancas nádegas vazias
Como um deserto transmudado em neve

E em meio a essa inumana fauna e flora
Eu, nu e só, a ouvir o Homem que chora
A vida e a morte no momento breve.

Belo Horizonte, 1952

AS QUATRO ESTAÇÕES

Ouve, Lila, como trila
A cigarra no mormaço
E sente como, devasso
Meu corpo todo destila
Volúpia, ausência e cansaço
Do amor que tivemos, Lila.

Ouve, Lila, como rola
O mar em eterno arremesso
E vê como se estiola
A flor do dia em começo...
Sente o aroma que se evola...
Ah, Lila, como eu padeço!

Ouve, Lila, como fala
O imo silêncio da tarde
E como se despetala
Ela, sem fazer alarde
E como o espelho, covarde
Não mais reflete — se cala...

Sente, Lila, como gela
Meu pé, minha mão, meu riso
E eu me horizontalizo
Cada vez com mais cautela
Do que me fora preciso...
Deixa, Lila, é ela... é ela...

A MORTE DE MADRUGADA

Muerto cayó Federico.
Antonio Machado

Uma certa madrugada
Eu por um caminho andava
Não sei bem se estava bêbado
Ou se tinha a morte n'alma
Não sei também se o caminho
Me perdia ou encaminhava
Só sei que a sede queimava-me
A boca desidratada.
Era uma terra estrangeira
Que me recordava algo
Com sua argila cor de sangue
E seu ar desesperado.
Lembro que havia uma estrela
Morrendo no céu vazio
De uma outra coisa me lembro:
… *Un horizonte de perros*
Ladra muy lejos del río…

De repente reconheço:
Eram campos de Granada!
Estava em terras de Espanha
Em sua terra ensangüentada
Por que estranha providência
Não sei… não sabia nada…

Só sei da nuvem de pó
Caminhando sobre a estrada
E um duro passo de marcha
Que em meu sentido avançava.

Como uma mancha de sangue
Abria-se a madrugada
Enquanto a estrela morria
Numa tremura de lágrima
Sobre as colinas vermelhas
Os galhos também choravam
Aumentando a fria angústia
Que de mim transverberava.

Era um grupo de soldados
Que pela estrada marchava
Trazendo fuzis ao ombro
E impiedade na cara
Entre eles andava um moço
De face morena e cálida
Cabelos soltos ao vento
Camisa desabotoada.
Diante de um velho muro
O tenente gritou: Alto!
E à frente conduz o moço
De fisionomia pálida.
Sem ser visto me aproximo
Daquela cena macabra
Ao tempo em que o pelotão
Se dispunha horizontal.

Súbito um raio de sol
Ao moço ilumina a face
E eu à boca levo as mãos
Para evitar que gritasse.
Era ele, era Federico
O poeta meu muito amado
A um muro de pedra seca
Colado, como um fantasma.
Chamei-o: García Lorca!
Mas já não ouvia nada
O horror da morte imatura
Sobre a expressão estampada...
Mas que me via, me via
Porque em seus olhos havia
Uma luz mal disfarçada.

Com o peito de dor rompido
Me quedei, paralisado
Enquanto os soldados miram
A cabeça delicada.
Assim vi a Federico
Entre dois canos de arma
A fitar-me estranhamente
Como querendo falar-me.
Hoje sei que teve medo
Diante do inesperado

E foi maior seu martírio
Do que a tortura da carne.
Hoje sei que teve medo
Mas sei que não foi covarde
Pela curiosa maneira
Com que de longe me olhava
Como quem me diz: a morte
É sempre desagradável
Mas antes morrer ciente
Do que viver enganado.

Atiraram-lhe na cara
Os vendilhões de sua pátria
Nos seus olhos andaluzes
Em sua boca de palavras.
Muerto cayó Federico
Sobre a terra de Granada
La tierra del inocente
No la tierra del culpable.
Nos olhos que tinha abertos
Numa infinita mirada
Em meio a flores de sangue
A expressão se conservava
Como a segredar-me: —A morte
É simples, de madrugada...

O PRESENTE

Falei no Rotary Club
Bradei, pintei o sete
Como prêmio aos meus esforços
Ganhei um canivete.

Um magro canivete
De 25 *cents*
Confesso que a esse preço
Dispenso tais presentes.

DESERT HOT SPRINGS

Na piscina pública de Desert Hot Springs
O homem, meu heróico semelhante
Arrasta pelo ladrilho deformidades insolúveis.
Nesta, como em outras lutas
Sua grandeza reveste-se de uma humilde paciência
E a dor física esconde sua ridícula pantomima
Sob a aparência de unhas feitas, lábios pintados e outros
[artifícios de vaidade.
Macróbios espetaculares
Espapaçam ao sol as juntas espinhosas como cactos
Enquanto adolescências deletérias passeiam nas águas
[balsâmicas
Seus corpos, ah, seus corpos incapazes de nunca amar.
As cálidas águas minerais
Com que o deserto impôs às Câmaras de Comércio
Sua dura beleza outramente inabitável
Acariciam aleivosamente seios deflatados
Pernas esquálidas, gótico americano
De onde protuberam dolorosas cariátides patológicas.
Às bordas da piscina
A velhice engruvinhada morcega em posições fetais
Enquanto a infância incendida atira-se contra o azul
Estilhaçando gotas luminosas e libertando rictos
De faces mumificadas em sofrimentos e lembranças.
A Paralisia Infantil, a quem foi poupado um rosto talvez belo
Inveja, de seu líquido nicho, a Asma tensa e esquelética
Mas que conseguiu despertar o interesse do Reumatismo
[Deformante.
Deitado num banco de pedra, a cabeça no colo de sua mãe
[o olhar infinitamente ausente

Um *blue boy* extingue em longas espirais invisíveis
A cera triste de sua matéria inacabada—a culpa hereditária
Transformou a moça numa boneca sem cabimento.
O banhista, atlético e saudável
Recolhe periodicamente nos braços os despojos daquelas vidas
Coloca-os em suas cadeiras de rodas, devolve-os a guardiães
[expectantes
E lá se vão eles a enfrentar o que resta de mais um dia
E dos abismos da memória, sentados contra o deserto
O grande deserto nu e só, coberto de calcificações anômalas
E arbustos ensimesmados; o grande deserto antigo e áspero
Testemunha das origens; o grande deserto em luta
[permanente contra a morte
Habitado por plantas e bichos que ninguém sabe como vivem
Varado por ventos que vêm ninguém sabe donde.

HISTÓRIA PASSIONAL, HOLLYWOOD, CALIFÓRNIA

Preliminarmente telegrafar-te-ei uma dúzia de rosas
Depois te levarei a comer um *chop-suey*
Se a tarde também for loura abriremos a capota
Teus cabelos ao vento marcarão oitenta milhas.

Dar-me-ás um beijo com batom marca indelével
E eu pegarei tua coxa rija como a madeira
Sorrirás para mim e eu porei óculos escuros
Ante o brilho de teus dois mil dentes de esmalte.

Mascaremos cada um uma caixa de goma
E iremos ao *Chinese* cheirando a hortelã-pimenta
A cabeça no meu ombro sonharás duas horas
Enquanto eu me divirto no teu seio de arame.

De novo no automóvel perguntarei se queres
Me dirás que tem tempo e me darás um abraço
Tua fome reclama uma salada mista
Verei teu rosto através do suco de tomate.

Te ajudarei cavalheiro com o abrigo de chinchila
Na saída constatarei tuas *nylon* 57
Ao andares, algo em ti range em dó sustenido
Pelo andar em que vais sei que queres dançar rumba.

Beberás vinte uísques e ficarás mais terna
Dançando sentirei tuas pernas entre as minhas
Cheirarás levemente a cachorro lavado
Possuis cem rotações de quadris por minuto.

De novo no automóvel perguntarei se queres
Me dirás que hoje não, amanhã tens filmagem
Fazes a cigarreira num clube de má fama
E há uma cena em que vendes um maço a George Raft.

Telegrafar-te-ei então uma orquídea sexuada
No escritório esperarei que tomes sal de frutas
Vem-te um súbito desejo de comida italiana
Mas queres deitar cedo, tens uma dor de cabeça!

À porta de tua casa perguntarei se queres
Me dirás que hoje não, vais ficar dodói mais tarde
De longe acenarás um adeus sutilíssimo
Ao constatares que estou com a bateria gasta.

Dia seguinte esperarei com o rádio do carro aberto
Te chamando mentalmente de galinha e outros nomes
Virás então dizer que tens comida em casa
De avental abrirei latas e enxugarei pratos.

Tua mãe perguntará se há muito que sou casado
Direi que há cinco anos e ela fica calada
Mas como somos moços, precisamos divertir-nos
Sairemos de automóvel para uma volta rápida.

No alto de uma colina perguntar-te-ei se queres
Me dirás que nada feito, estás com uma dor do lado
Nervosos meus cigarros se fumarão sozinhos
E acabo machucando os dedos na tua cinta.

Dia seguinte vens com um suéter elástico
Sapatos mocassim e meia curta vermelha
Te levo pra dançar um ligeiro *jitterbug*
Teus vinte deixam os meus trinta e pouco cansados.

Na saída te vem um desejo de boliche
Jogas na perfeição, flertando o moço ao lado
Dás o telefone a ele e perguntas se me importo
Finjo que não me importo e dou saída no carro.

Estás louca para tomar uma Coca gelada
Debruças-te sobre mim e me mordes o pescoço
Passo de leve a mão no teu joelho ossudo
Perdido de repente numa grande piedade.

Depois pergunto se queres ir ao meu apartamento
Me matas a pergunta com um beijo apaixonado
Dou um soco na perna e aperto o acelerador
Finges-te de assustada e falas que dirijo bem.

Que é daquele perfume que eu te tinha prometido?
Compro o Chanel 5 e acrescento um bilhete gentil
"Hoje vou lhe pagar um jantar de vinte dólares
E se ela não quiser, juro que não me responsabilizo…"

Vens cheirando a lilás e com saltos, meu Deus, tão altos
Que eu fico lá embaixo e com um ar avacalhado
Dás ordens ao garçom de caviar e champanha
Depois arrotas de leve me dizendo *I beg your pardon*.

No carro distraído deixo a mão na tua perna
Depois vou te levando para o alto de um morro
Em cima tiro o anel, quero casar contigo
Dizes que só acedes depois do meu divórcio.

Balbucio palavras desconexas e esdrúxulas
Quero romper-te a blusa e mastigar-te a cara
Não tens medo nenhum dos meus loucos arroubos
E me destroncas o dedo com um golpe de jiu-jítsu.

Depois tiras da bolsa uma caixa de goma
E mascas furiosamente dizendo barbaridades
Que é que eu penso que és, se não tenho vergonha
De fazer tais propostas a uma moça solteira.

Balbucio uma desculpa e digo que estava pensando...
Falas que eu pense menos e me fazes um agrado
Me pedes um cigarro e riscas o fósforo com a unha
E eu fico boquiaberto diante de tanta habilidade.

Me pedes para te levar a comer uma salada
Mas de súbito me vem uma consciência estranha
Vejo-te como uma cabra pastando sobre mim
E odeio-te de ruminares assim a minha carne.

E então fico possesso, dou-te um murro na cara
Destruo-te a carótida a violentas dentadas
Ordenho-te até o sangue escorrer entre meus dedos
E te possuo assim, morta e desfigurada.

Depois arrependido choro sobre o teu corpo
E te enterro numa vala, minha pobre namorada...
Fujo mas me descobrem por um fio de cabelo
E seis meses depois morro na câmara de gás.

SONETO DO AMIGO

Enfim, depois de tanto erro passado
Tantas retaliações, tanto perigo
Eis que ressurge noutro o velho amigo
Nunca perdido, sempre reencontrado.

É bom sentá-lo novamente ao lado
Com olhos que contêm o olhar antigo
Sempre comigo um pouco atribulado
E como sempre singular comigo.

Um bicho igual a mim, simples e humano
Sabendo se mover e comover
E a disfarçar com o meu próprio engano.

O amigo: um ser que a vida não explica
Que só se vai ao ver outro nascer
E o espelho de minha alma multiplica...

Los Angeles, 7/12/1946

JAYME OVALLE VAI-SE EMBORA

Jayme Ovalle vai-se embora
Vai-se embora Jayme Ovalle
Quem gosta de Ovalle chora
Porque bem sabe o que vale
A ausência de Jayme Ovalle.

A BERLIM

Vós os vereis surgir da aurora mansa
Firmes na marcha e uníssonos no brado
Os heróicos demônios da vingança
Que vos perseguem desde Stalingrado.

As mãos queimadas do fuzil candente
As vestes podres de granizo e lama
Vós os vereis surgir subitamente
Os personagens trágicos do Drama.

De início mancha tateante e informe
À claridade da manhã exangue
Logo o vereis crescer, o Russo enorme
Sob um sol rubro como um punho em sangue.

Ao seu avanço há de ruir a Porta
De Brandemburgo, e hão de calar-se os cães
E então hás de escutar, Cidade Morta
O silêncio das vozes alemãs.

Rio, 3/2/1945
Às vésperas da queda de Berlim

SONETO COM PÁSSARO E AVIÃO

De "O grande desastre do six-motor francês Lione de Marmier,
tal como foi visto e vivido pelo poeta
Vinicius de Moraes, passageiro a bordo"

Uma coisa é um pássaro que voa
Outra um avião. Assim, quem o prefere
Não sabe às vezes como o espaço fere
Aquele. Um vi morrer, voando à toa

Um dia em Christ Church Meadows, numa antiga
Tarde, reminiscente de Wordsworth…
E tudo o que ficou daquela morte
Foi um baque de plumas, e a cantiga

Interrompida a meio: espasmo? espanto?
Não sei. Tomei-o leve em minha mão
Tão pequeno, tão cálido, tão lasso

Em minha mão… Não tinha o peito de amianto.
Não voaria mais, como o avião
Nos longos túneis de cristal do espaço…

AVE, SUSANA

E vai Susana
Vai de avião?
Não, Susaninha
Não faz verão.
A passarinha
Dos olhos calmos
Passou voando
Cantando salmos
Correndo célere
No grande espaço…
(No breve espaço
De minha vida…)
—Vai, Susaninha
Voa, andorinha!

19/2/1941

ESTÂNCIAS À MINHA FILHA

Por graça de tua mãe
Que nunca há de tomar jeito
Todo dia, de manhã
Encontro-te no meu peito
Balbuciante e feliz
Numa esperança tão longa
De brincar com meu nariz
Que o meu sono se prolonga...

E é bom dormir consciente
De que estás viva e agitada
Nadando contra a corrente
Nesse teu mar camarada
Enquanto pulsa molhado
Por tua fralda de lã
O meu jovem coração
Que te ama mesmo deitado.

E acordar subitamente
De mau humor, talvez, de início
Contigo, minha imprudente
À beira do precipício.
E colocar-te sentada
Na mão, tu risonha e calma
Com essa bundinha ensopada
Que cabe na minha palma.

Depois ouvir, na harmonia
Dos anjos e do Senhor
A espantosa algaravia
Com que me falas de amor
Enquanto os olhos expandes
À frágil luz matutina
Tão castanhos e tão grandes
E de água tão cristalina.

Sou teu pai, és minha filha
Uma vida que começa
Te acho a maior maravilha
O resto não interessa.
De fato, o que não faria
Eu por ti que mal te exprimes...
Roubar? claro, roubaria.
Matar? os piores crimes.

Mas tu te alertas, ingrata
E cais numa choradeira
Ouves barulho de lata
Já sabes que é a mamadeira.
E eu, quando ela se avizinha
Te detesto, coisa-ruim
Pois nunca vi menininha
Tão materialista assim.

Me deixas cheirando a mijo
Não raro a pior também
Me dá raiva esse prestígio
Que, afinal, tua mãe tem.
E enquanto vocês se comem
De beijos monumentais
Penso sempre, como um homem
Que nem sei qual amo mais.

São Paulo, 1940

LULLABY TO SUSANA

My little baby close your eyes
And smile to me from paradise
Your daddy's song will soon beguile
Your sorrows deep my honey child.

When my little baby cries
The stars rush off to bean
The angels come to nurse her
And they pat her rosy cheeks
And they kiss her lovely chin.

(To be sung with any music.)

TATIOGRAFIA

Em Tati tem Taiti
Ilha do amor e do adeus
Tem avatá, Havaí!
Taubaté, Aloha He...
Tem medicina com mascate
Pão de açúcar com café
Tem Chimborazo, Kamchatka
Tabor, Popocatepetl
Tem montes sem ser rochosos
Tem milhões de Pireneus
Tem doces lagos da Escócia
Tem Aconcáguas incríveis
Junto de Dedos de Deus
Tem Himalaias, tem malárias
Amazonas sem mistérios
Tem Saaras sem Simoun
Com tabus e Timbuctus
Tem iogas, tem nirvanas
Tem tigres, tem tuaregues
Tem vagas Constantinoplas
Tem Bombains sem madrastas
Tem juras, tem jetaturas
Danúbios sem ser azuis
Tem Jordões, tem Solimões
Içás, Tapajós, Purus
Tem Valências, Catalunhas
E até calvários sem cruz
Tem Tejos, tem Beira Douros
Trás-as-Cintras, Trás-os-Montes
Tem rios, tem pororocas

Quedas-d'água, brancas fontes
Tem colinas, tem bacias
Muitos Belos Horizontes.
Tem Norte Sul Leste Oeste
Zona quente e zona fria
Tem tudo que tem no mundo
Na minha Tatiografia.

MADRIGAL

Pra Tati

Nem os ruídos do mar, nem os do céu, nem as modulações
   [frescas da campina; nem os ermos da noite sussurrando
   [sossegos na sombra, nem os cantos votivos da morte,
   [nem as palavras de amor lentas, perdidas; nem vozes da
   [música, nem o eco patético das lamentações; nenhum
                             [som, nada
É como o doce, inefável ruído que meu ouvido ouve quando
   [se pousa em carícia, ó minha amiga, sobre a carne tenra
                            [da tua barriguinha.

REDONDILHAS PRA TATI

Sem ti vivo triste e só
(Bastasse o que já sofri...)
Sem ti sou ermo, sou pó
Sou tristeza por aí...
Sem ti... ah, dizer-te a ti!
Mas se me cerra o gogó
Como se tivesse aqui
Um naco de pão-de-ló!
Sem ti sou pena de Jó
Sou ovo de juriti
Sem ti sou carandaí
Tamandaré, Mossoró
Sem ti sou um qüiproquó
Um oh, um charivari
Sem ti, sou de fazer dó
Sou de fazer dó-ré-mi
Meu benzinho de totó
Meu amor de tatuí.

Mas sou forte, não reclamo
Sou bravo como Peri
— Não, mulher, já não te amo!
(É brincadeira, hein, Tati...)
Tati, Tatuca, Tatica
Onde ficou minha tática
Perdi toda a velha prática...
Esta vida é uma titica.
Ah, garota, francamente
Nem sei mais o que pensar
És tu que estás tão presente

Ou eu que fui me casar?
Não posso, Tati, te juro
Não posso viver sem ti
Tu és meu cantinho escuro
Meu verso por descobrir
És meu eterno Oxalá
Em terra de alibibi
És meu trecho de Zola
Repassado por Delly
És Totonha, Tatiana
Tereza, e nunca Tati
És extrato de lavanda
Rotulado por Coty
Beatriz?... mas quem és tu
Para Dante abandonar?
Serás um *merci "bocu"*
De praga de pai Exu
Para cima de "moá"?
Não! Tu és como o penedo
E eu... como a onda do mar
És a sombra do arvoredo
E eu... pastor a descansar
Sou o ouvido, és o segredo
És a luta, eu sou a paz
És Beatriz Azevedo
E eu Vinicius de Moraes.

OTÁVIO

Torce a boca, olha as coisas abstrato
Percorre da varanda os quatro cantos
E tirando do corpo um carrapato
Imagina o romance mil e tantos…

Logo após olha o mundo e o vê morrendo
Sob a opressão tirânica do mal
E como um passarinho, vai correndo…
Escrever um tratado social

É amigo de um "braço" na poesia
E de um outro que é só filosofia
E de um terceiro, romancista: veja

Quanto livro a escrever ainda teria
O ditador Otávio de Faria
Sob o signo cristão da nova Igreja…

POEMA FEITO PARA CHEGAR AOS OUVIDOS
DE SANTA TERESA

Não quero ir pro inferno
Santa Teresinha
Quero é ir pro céu
Que é boa terrinha
Mas se eu for pro céu
Você me procura?
Você me namora
Santa Teresinha?
Você me namora, hein, santa Teresinha?

31/1/1939

DOBRADO DE MESTRES-CUCAS

Bach
Beethoven!

Bach
Beethoven!

Quem mandou Chopin chorar
Não fui eu...!

Chopin! Chopin! Chopin! pem! pem!

Ai, meu Deus
Que triste é minha vida
Se casou
A minha Margarida.

Bach
Beethoven!

Bach
Beethoven!

Mozart sim
Wagner não!

Mozart sim
Wagner não!

Soldado vai pra guerra pra lutar
Mulher fica em casa a trabalhar
Menino, vovô Schumann quer brincar
Herr Schubert faz marchinha *wunderbar*!

Bach
Beethoven!

Bach
Beethoven!

Mozart! Mozart!
Mozart meu querido marechal!
Chopin quer batalhar
Você fica a dançar
Mozart, leva a flauta pro sarau!

Haydn sim
Wagner não
Laranja-da-terra
Café com pão!

Sargento, faça esse homem voltar
Esse homem não é nada militar
Esse homem quer falar
Esse homem quer mandar
Esse homem não é nada militar!

Bach
Beethoven!

Bach
Beethoven!

Ai, meu Deus
Como esse mundo é mau
O meu bem
Fugiu com o caporal.

Chopin! Chopin! Chopin! — pem! pem!

Tenente, nada de parente não
Me prenda esses dois homens no porão
O velho quer por força ir pro canhão
E o novo é parasita da nação.

Parasita da nação!

Diga nome feio lhe mando prender
Faça rapsódia lhe mando prender.

Bach
Beethoven!
Bach
Beethoven!

Herr Schubert, toque um *Lied* pra eu cantar
Que lembre a minha terra natal
Vovô Schumann, se puder mande um postal
Dizendo como vai de Carnaval

Que já está na hora de eu me recolher
Que já está na hora de eu me recolher

E eu quero desarranchar

Bach
Beethoven...

Bach
Beethoven...

Bach...

O BILHAR

No bilhar de Van Gogh tudo estava imóvel
Mas de repente entrou o jogador bêbado que eles diziam
[falido na vida
E se pôs a jogar com tanta perfeição que os modelos
[adormecidos se levantaram
E vieram ver e ficaram com gestos de aprovação na cabeça
[e se entreolhavam.
Mas o mais belo foi quando ele deu a tacada seiscentos
[e sessenta e seis.
A luz se apagou e todas as coisas mesmo cadeiras mesas
[vieram cumprimentá-lo
E ali mesmo ele foi proclamado Diabo, porque, eles diziam
Só mesmo o Diabo era capaz de jogar assim.

A PONTE DE VAN GOGH

O lugar não importa: pode ser o Japão, a Holanda,
                              [a campina inglesa.
Mas é absolutamente preciso que seja domingo.

O azul do céu escoa na esmeralda do rio
E o rio reflete docemente as margens de relva verde-laranja
Dir-se-ia que da mansão da esquerda voou o lençol virginal
                              [de miss
Para ser no céu sem mancha a única nuvem.
A calma é velha, de uma velhice sem pátina
As cores são simples, ingênuas
A estação é feliz: o guarda da ponte chegou a pintar
De listas vermelhas o teto de sua casinhola.
E, meu Deus, se não fossem esses diabinhos de pinheiros
                              [a fazer caretas
E a pressa com que o homem da charrete vai:
A pressa de quem atravessou um vago perigo
Tudo estivesse perfeito, e não me viesse esse medo tolo
                    [de que a pequena ponte levadiça
Desabe e se molhe o vestido preto de Cristina Georgina
                              [Rosseti
Que vai de umbrela especialmente para ouvir a prédica
                    [do novo pastor da vila.

Itatiaia, setembro de 1937

MEU DEUS, EU ANDEI COM MANUEL BANDEIRA

Meu Deus, eu andei com Manuel Bandeira
Numa segunda-feira
Fomos ao cinema Odeon ver Simone Simon (que bom!)
        [e falamos de tudo menos de literatura brasileira
Ele tomou *malted milk* e eu tomei guaraná como se
                [bebêssemos um na poesia do outro
Depois subimos a Lapa, sem capa e sem espada, subimos
        [o beco—Matusalém dormia bêbado na calçada!
Subimos o elevador, e no quarto subimos a noite estrelada

Sacha e o poeta —
Momento num café —
Estrela da manhã —

E eu vim, com a águia do seu retrato em edição maravilhosa
                [de Stols, pensando na amada

Glória, Botafogo, Gávea, Gávea, Gávea
Segunda, terça, quarta, quinta, sexta-feira...
E abri na choradeira enquanto depositava a urina guardada
        [de há muito na latrina branca de minha família feliz.

ODE A MAIO

Maio dançarino! abre tuas asas diáfanas
Sobre as corolas nascituras; limpa os céus
De azul; aclara e alegra as águas do mundo
Jovem, doce Maio! enxota as frutas
Com teu bafo de cristal; amadurece-as
Com teu sol outonal e vem aos vales dançar
Entre as adolescências da campina...
                                    Maio
Maio em flor! quem te criará para mim
Em flor?

TROVAS

Pedindo outro dia a Deus
Um louro raio de estrela
Minha amada veio e deu-me
Um raio dos olhos dela!...

*

Chorei tanto aquele sonho
Que tive, e que já passou
Que a lua vendo meu pranto
De mágoa também chorou

*

A boca é um poema amoroso
Que o Demo, pra si num embate
Fechou aos homens, medroso,
Num parêntese escarlate

*

Querendo ler uma carta
Que enviaram-me, de ti,
A lua mandou seus raios
E à luz de seus raios, li.

*

Como faltasse-me a voz
Para cantar-te à janela,
O sabiá gorjeou
Sua modinha mais bela.

*

Oh! Ondas! Oh! Ideais!
Bem parecidos vós sois
Aproximais-vos demais
E fugis logo depois!

*

Se quiseres me beijar
Quando eu beijar-te desejo
Nunca mais hás de corar
Quando falarem de beijo.

*

"Quem espera, desespera"
Diz um antigo cantar,
No entanto eu vivo esperando
Sem nunca desesperar.

ESSA, SENTADA AO PIANO

Essa, sentada ao piano
Vinte e dois anos em flor
É o anjo do meu arcano
É a dona do meu amor!
Deus que me dê vida imensa
E eu hei de dizer-lhe ainda
"—Antonia, você não pensa
Que a vida é uma coisa linda?"

POSFÁCIO
DO
ORGANIZADOR

SIMPLES, INVULGAR
EUCANAÃ FERRAZ

Os dramas do poeta Vinicius de Moraes não foram nunca os da forma poética. Desde *O caminho para a distância*, seu primeiro livro—publicado quando seu autor tinha ainda vinte anos incompletos —, os problemas da expressão de uma inquietude existencial estiveram em primeiro plano, e lá permaneceram instalados, inescapáveis como um destino. Vinicius foi desde sempre um exímio construtor de versos e poemas: inicialmente, no uso do verso livre—longo, largo, pleno de ressonâncias melódicas —, no apego a um campo semântico religioso e a um vocabulário muitas vezes nobre e requintadamente literário; mais tarde, na manipulação desassombrada da metrificação, da forma fixa, do verso curto e sintético, da rima e dos variados efeitos rítmicos do corte e do *enjambement*, somando-se a isso uma quebra de hierarquias que possibilitou uma abertura do poema a qualquer palavra, a experiências sintáticas, criações inesperadas com a língua e as línguas, rupturas, mas também a incorporação da fala mais simples e cotidiana. Embaralhe-se tudo isso—que parece linear e progressivo—e teremos então um poeta vigilante, aberto à experimentação e capaz, como poucos, de engendrar formas em que tradição e renovação jamais se antagonizam.

É revelador, por exemplo, que João Cabral de Melo Neto, um poeta tão diferente de Vinicius, afirmasse:

> Vinicius fez a poesia que ele queria fazer. Ele era capaz de fazer as poesias mais sofisticadas, se quisesse, como também era capaz de compor samba. Ele era um poeta de uma habilidade como não conheci outro igual. De forma que, se ele entrou por esse caminho do samba, foi porque ele quis. Por-

que antes ele tinha feito coisas da maior sofisticação. [*Folha de S.Paulo*, "Mais!", 22/5/1994, entrevista a José Geraldo Couto]

Parece, portanto, que Vinicius era capaz de fazer "coisas da maior sofisticação" e de se desviar em direção à "musiquinha popular"[1] exatamente porque para ele a forma não encerrava um problema — guardasse ela a sublimidade clássica do soneto ou descartasse qualquer sinal de excelência, como o samba. Com isso quero dizer que a "habilidade" fazia da indagação sobre a forma algo menor diante do lançar-se à expressão dos dramas seus e do seu tempo.

Arrisco-me à objeção de que não há diferença entre uma coisa e outra: que a busca da expressão é sempre uma busca pela forma que expressa. E não há dúvida de que é mesmo isso. Pode haver, no entanto, uma flutuação de intensidades capaz de emprestar diferentes pesos ao modo de expressão e à coisa a expressar. A dessemelhança pode sobrevir de poeta para poeta — basta pensar em Vinicius e Cabral — ou, na obra de um único autor, entre fases, entre livros, ou de um poema para outro.

A Vinicius interessava sobremodo a experiência humana como algo a exprimir. Não por acaso, ao abordar o desenvolvimento de sua obra, ele apontava não o embate entre modelos e escolhas estéticas — métodos, modos de fazer —, mas um campo de enfrentamento existencial. Ao apresentar sua *Antologia poética*, em 1954, falaria de uma "difícil mas consistente repulsa ao idealismo dos primeiros anos" e de "uma luta sua contra si mesmo no sentido de uma libertação, hoje alcançada, dos preconceitos e enjoamentos de sua classe e do seu meio, os quais tanto, e tão inutilmente, lhe angustiaram a formação."

---

1 Cito outra afirmação de João Cabral, bastante anterior — de 26 anos antes —, sobre o direcionamento de Vinicius rumo à canção: "O poeta Vinicius de Moraes seria um grande poeta ou maior se não escrevesse musiquinha popular" (*Tribuna da Imprensa*, 10/4/1968, entrevista a Carlos Alberto).

Toda a poesia de Vinicius de Moraes parece sobrevir de uma decisão existencial: dispor-se num movimento contínuo de afugentar a quietude, a imobilidade e a opressão, como se coubesse ao poeta fustigar, impulsionar, estimular a superação dos limites de toda ordem e anunciar a liberdade. Assim, na escrita, o vigor inflama o rigor, a forma obedece à complexidade das experiências afetivas e, por fim, o poema brilha como a fulguração de uma vida.

Nada disso deve fazer supor, no entanto, que Vinicius, como poeta, nasceu *pronto*. Ao contrário, mas foi a luta contra si mesmo, no sentido de uma libertação "dos preconceitos e enjoamentos de sua classe e do seu meio", que construiu o poeta. Para chegar à maturidade de um livro como *Poemas, sonetos e baladas*, o criador teve de ir paulatinamente se despojando de valores circunstanciais, mirando criticamente uma série de princípios religiosos, morais, filosóficos, sociais e estéticos. E, mesmo depois de alcançar um estágio satisfatório de emancipação, recusou a calma que advém da maturidade e da prudência. Diante dos juízos que lhe cobravam cautela e gravidade, desferia movimentos bruscos de recusa, chegando a inventar para si mesmo um personagem afeito à insensatez e ao desleixo: *máscara* que em quase nada correspondia à verdade do homem e do poeta mas que garantia a ambos a distância necessária do confinamento institucional, exercido pela família, o Itamaraty, as vanguardas, os partidos políticos, a universidade.

É preciso, todavia, não confundir tais questões com uma hipotética ausência de trabalho ou com a facilidade: bastaria somente ler os poemas para neles reconhecer o labor, o exercício, a manipulação, o cuidado. Além disso, o espólio do poeta guarda um número bastante expressivo de esboços de poemas e textos em prosa, nos quais podemos acompanhar as muitas versões, os ajustes, as emendas, as soluções e a desistência diante de certos impasses. Todo esse expediente, porém, não contradiz o que apontei antes: tratava-se de trabalho, sim, mas não mais que isso. E seria mesmo ingênuo imaginar que esse ou qualquer outro poeta pode prescindir da oficina. Mas o que vem à tona na poética viniciana—convém repetir—é menos o predomínio do esforço intelectual que um empenho de ordem existencial. O desenvolvimento de uma forma era tão-só uma necessidade do ofício, que não sobrepujava algo mais custoso e arriscado: expressar a própria vida.

Os versos de "Estudo" apresentam o sonho mais caro ao poeta: fazer um poema "com rima ou sem rima/ livre ou metrificado/—contanto que exprima/ o impropositado" (p. 45). Aqui está o que chamei de *desapego pela forma*: não é ela que está na mira fundamental do poeta, mas aquilo que ela exprime, e que está igualmente além do tema. O poeta quer fazer do poema *o poema*: algo que, de tão livre, é sem propósito, sem fim ou serventia. Daí a possibilidade de o poeta vir a fazer um poema "com rima ou sem rima/ livre ou metrificado", pois qualquer forma pode exprimir o "impropositado", mas também é certo que, no trabalho, quando se chega à forma, aquela se revela como *a forma*, insubstituível e única.

É essa dinâmica que salta aos olhos na coleção de poemas que o leitor tem agora em mãos, a qual cobre um largo período da produção poética de Vinicius de Moraes: do início dos anos 30 a meados dos 70.

À extensão desse arco temporal corresponde uma generosidade de temas, formas, registros. Assim, neste *Poemas esparsos* caberia a epígrafe que Vinicius antepôs ao seu *Novos poemas*, de 1938: "Todos os ritmos, sobretudo os inumeráveis". Essa qualidade "inumerável" proposta na epígrafe bandeiriana (o verso é de Manuel Bandeira, e está em "Poética", do livro *Libertinagem*) se acha em *Novos poemas* mas aparece sobremodo aqui, onde se recolhem textos produzidos ao longo de quase cinqüenta anos. O leitor deparar-se-á com uma larga diversidade de ritmos e formatos, metrificação e rima, mas também com versos curtos e brancos; sínteses de intenso lirismo e expansões de tom narrativo; estrangeirismos, neologismos e marcas de brasilidade; experimentações formais ao lado do registro coloquial; diálogos com outros poetas, com outras linguagens, e assim por diante.

Neste panorama, não poderia faltar o soneto—que, no percurso de Vinicius, aparece já em seu primeiro livro, *O caminho para a distância*. Do inicial "Otávio", chega-se a um dos últimos exemplares da forma fixa em sua obra: "Soneto de Marta". Entre as duas pontas, contam-se ainda "Soneto no sessentenário de Rubem Braga", "Soneto com pássaro e avião", "Soneto de luz e treva", "Soneto da rosa", "Soneto da mulher inútil" e "Soneto do amigo".

Há—em diferentes tons—alguns poemas-homenagens, como "A morte de madrugada", "Ode no octontenário de Manuel Bandeira", "Exumação de Mário de Andrade", "Otávio", "A santa de Sabará", "Jayme Ovalle vai-se embora". O louvor também se desloca do humano para a paisagem na escrita de um poeta que colecionou amigos mas igualmente cidades—desde os tempos de estudo na Inglaterra, passando por uma longa e paradigmática descoberta do Brasil em companhia do escritor americano Waldo Frank, no início dos anos 40, depois, por imperativos da carreira diplomática, chegando às turnês de um poeta definitivamente transformado em astro da canção brasileira. Aqui estão reunidos alguns exemplos de homenagens a cidades: "Soneto sentimental à cidade de São Paulo", "Alexandrinos a Florença", "A Berlim" e "Cemitério marinho".

O poeta do amor também comparece nos versos de "Soneto de Marta", "Soneto de luz e treva", "Na esperança de teus olhos", "Medo de amar", "Parte, e tu verás", "A perdida esperança" e "Epitalâmio II", entre outros. Há também uma deliciosa seqüência de poemas inspirados por Tati, sua primeira mulher: "Tatiografia", "Madrigal", "Redondilhas pra Tati". Estes três apontam para uma graça e um aparente descompromisso que os definiriam como *poemas de circunstân-*

cia: breves retratos (ou não tão breves) que se esgotariam no tempo do acontecimento ou no estreito circuito da relação interpessoal que o poema põe em foco. Seria preciso pensar, em termos teóricos, os limites e o alcance da chamada poesia de circunstância, mas a inequívoca ausência de tal disposição crítico-teórica talvez seja conseqüência da própria excentricidade dos poemas de tal natureza nos quadros de uma lírica cujo valor se mede, tradicionalmente, pelo apagamento da circunstância. Ou seja, convencionou-se julgar que o valor do poema cresce na medida mesma em que a presença da circunstância diminui ou desaparece, substituída por uma almejada atemporalidade. Mas, se falta ainda um pensamento mais estruturado a respeito desse quase-gênero poético, não faltam nomes que, na história da poesia, deixaram que as marcas de efemeridade do tempo, do espaço, do fato e dos nomes permanecessem no poema. Não se trata, absolutamente, de uma tendência modernista. E teríamos, entre nós, vários exemplos de poetas barrocos, árcades e românticos que praticaram com maior ou menor apreço a poesia de circunstância. Não caberia aqui fazer tal inventário, nem seria relevante apenas listar nomes. Noto somente que a poesia, após a tendência dessacralizante do modernismo, inventou novos modos de se relacionar com a própria circunstância e com a sua permanência na escrita (sua inscrição, pode-se dizer). No caso específico de Vinicius de Moraes, essa poesia *de ocasião* é expressiva em termos numéricos, encerra características próprias e—há que se fazer um trabalho sobre isso—guarda muitas semelhanças com aquela praticada por Manuel Bandeira. Basta ler, aqui, "O presente", "Mote e contramote", "Jayme Ovalle vai-se embora", "Alexandra, a Caçadora", "Petite histoire naturelle", "Essa, sentada ao piano", "Ave, Susana", "Estâncias à minha filha", "Lullaby to Susana" e, não por acaso, dois poemas sobre aquele poeta: "Meu Deus, eu andei com Manuel Bandeira" e "Ode no octonário de Manuel Bandeira". Observe-se, de passagem, que a influência bandeiriana na escrita de Vinicius se dá depois de *Novos poemas*, e que, antes disso—quando o poeta carioca publicava seus livros mais avessos aos valores modernistas —, este já escrevia poemas decididamente de circunstância, nos quais a descontração, a coloquialidade e o *humour* estão em primeiro plano. A influência de Bandeira funcionou mais ou menos como a confirmação de um Vinicius que já existia—acessível, despojado, chão. A poesia de circunstância, pelo seu apego ao acontecimento, é também um modo de escrita por meio do qual reencontramos o sujeito, o homem definido por seus limites, conjunturas, incidentes. A julgar pelos muitos depoimentos, textos, entrevistas e homenagens que lhe serviam e ainda servem de retrato, o poeta parecia impressionar os que dele se aproximavam não pelo que tinha de incomum. Ao contrário, o que se lhes afigurava desconcertante e arrebatador era o fato de o poeta mostrar-se uma pessoa como qualquer outra. Tão igual a qualquer um, que a sua simplicidade era, digamos assim, invulgar. É esse Vinicius que encontramos aqui.

Ainda quanto aos poemas de amor, a tragédia, ou melhor, a beleza que, extrema, leva a um final trágico, aparece nos extraordinários versos de "Balada de santa Luzia", que nos leva a outra linhagem de poemas, pautados pela morbidez e pelo insólito: "O pranteado", "Romance da Amada e da Morte", "Balada do morto vivo", "Balanço do filho morto" e "Sob o trópico do câncer". São exemplares de uma *poética do grotesco*, fundamental para se pensar o imaginário poético de Vinicius de Moraes. Nela, a escrita lança mão de um realismo muitas vezes minucioso, descritivo, mas, simultaneamente, faz com que ele deslize para dentro do absurdo sem se dissolver neste. O resultado é algo monstruoso. O belo estreita-se com o repulsivo e tudo se torna imprevisível. Os poemas aqui recolhidos dialogam diretamente com "Balada da moça do Miramar", "Balada dos mortos dos campos de concentração", "O poeta Hart Crane suicida-se no mar",

"Balada do enterrado vivo" e "Balada do Mangue", exemplares de uma poética do grotesco, repito, única na poesia moderna brasileira.

Haveria muito que dizer do caráter vário dos poemas deste livro, em que encontramos o *humour noir* de "Desert Hot Springs", a experimentação morfológica de "P(B)A(O)i", a colagem rítmica de "Dobrado de mestres-cucas" e o engajamento político d'"Os homens da terra". Mas não há como dar prosseguimento a uma leitura crítica mais densa, sobretudo porque considero necessário, nos termos deste posfácio, apresentar alguns detalhes editoriais, cabendo, em primeiro lugar, consignar a origem dos textos, o que decerto deixará clara a razão do título escolhido—*Poemas esparsos*—, seu alcance e os problemas que encerra.

Os poemas aqui reunidos podem ser agrupados com base em três diferentes origens, descritas a seguir.

No primeiro grupo, estão os poemas inéditos em livro. Muitos permaneciam até aqui inteiramente inéditos, ou seja, nem sequer foram publicados em jornais ou revistas. Cheguei até eles em pesquisas realizadas sobretudo no espólio do poeta, agora Arquivo Vinicius de Moraes, depositado no Arquivo-Museu de Literatura Brasileira da Fundação Casa de Rui Barbosa, no Rio de Janeiro. Todo o vasto material—aproximadamente 5 mil documentos—foi doado pela família e herdeiros de Vinicius em diferentes momentos, desde 1987, cabendo destacar o extremo zelo de Letícia Moraes, irmã do poeta, que guardou consigo um precioso conjunto de documentos, como os originais de *O caminho para a distância, Forma e exegese, Ariana, a mulher, Cinco elegias* e muito mais. Desse vasto material, outros poemas, que se encontram arquivados em forma de dactiloscritos ou manuscritos, apareceram em periódicos, permanecendo inéditos apenas em livro. A decisão de reunir e publicar estes últimos não suscitava—pelo menos a princípio— maiores problemas. Bastaria cotejar os originais e a publicação. Há ainda outro, digamos assim, subconjunto formado pelos inéditos em livro: poemas de cujos originais eu dispunha mas que não tinha como saber se, em determinado momento, haviam sido publicados em algum jornal ou revista. O problema surgia aí.

É indispensável assinalar que, durante as pesquisas, confirmei aquilo que trazia já como um pressuposto: não me interessava o simples registro, ou seja, a publicação de todo e qualquer material inédito que encontrasse. A razão era simples: grande parte dos originais do Arquivo compõe-se de estudos, esboços, poemas inacabados. Descartada a arqueologia *stricto sensu*, impunha-se uma questão bem mais complexa e delicada: como definir, entre os poemas aparentemente concluídos, os que deveriam ser publicados? Afinal, desconhecendo-se as razões para que permanecessem inéditos, era preciso perguntar: até que ponto se podia julgar se esse ou aquele poema merecia vir à luz num livro? Era preciso considerar, por exemplo, que vários textos se conservaram inéditos durante o período em que Vinicius de Moraes editara suas coleções de poesia: desde o livro de estréia, *O caminho para a distância*, de 1933, passando pela segunda edição de sua *Antologia poética* (aumentada pelo autor), de 1960, pelo volume de poesia e prosa *Para viver um grande amor*, de 1962, chegando à segunda edição do *Livro de sonetos* (também aumentada pelo autor), de 1967. Não seria difícil, portanto, supor que o poeta deixara certos poemas de fora por, pelo menos, dois motivos: não os considerar bons o bastante, ou prontos, para figurarem naqueles volumes, ou porque, apesar de bons poemas, pareceram-lhe destoantes das unidades formadas pelos livros.

Ainda quanto à publicação em periódicos, é certo que muitos escritores se utilizaram (e se utilizam) de tal expediente como um modo de experimentar o texto como matéria impressa. Ou seja, a publicação em jornais e revistas, especializados ou não, ajuda o criador a avaliar como o texto—poesia ou prosa—se comporta quando editado. Esse caráter de exercício a preceder a edição em livro faz com que não raro esta última versão apresente uma série de variantes com relação ao que anteriormente se publicou. Com Vinicius de Moraes não era diferente. As inúmeras versões de seus poemas, repletas de emendas, quase sempre não coincidem integralmente com a versão publicada na imprensa, e esta também se diferencia do que se fixou em livro. Ter em mãos o jornal em que se publicou um poema de Vinicius não autorizava, portanto, a conclusão de que o poeta levaria ao livro aqueles versos, daquele modo. Que dizer, então, diante de um original com as marcas das idas e vindas do absorvente processo de criação?

Se avultavam a responsabilidade, os receios e o escrúpulo, crescia, igualmente, diante da qualidade de um número expressivo de textos, a vontade de trazê-los ao público. E as decisões teriam de ser tomadas sem abdicar de um alto grau de subjetividade. Daí o caráter, digamos, autoral deste *Poemas esparsos*. Sim, compus um livro de Vinicius de Moraes. Para tanto, respeito, inquietação e rigor tiveram de habituar-se a uma série de ações inescapáveis: arbitrar, resolver, fixar, dispor. O que chamei de subjetividade resultava de uma espécie de intuição crítica (categoria pouco ou nada científica, sem dúvida, mas valiosa num trabalho como este), que dispunha de alguma segurança no convívio anterior e cada vez maior com a obra do poeta, na compreensão de seu processo criativo, bem como na observação minuciosa do material do Arquivo, capaz ele mesmo de alvitrar, em silêncio, certas orientações.

Guiou-me, portanto, a compreensão da obra e a sua avaliação em conjunto. Tentei, basicamente, ponderar o alcance de cada poema em diferentes situações da obra de Vinicius, buscando ver naqueles encaixes momentâneos o que autorizava sua publicação e o que aconselhava o contrário. Nem sempre a sentença era fácil. Mas, em compensação, houve casos em que o arbítrio parecia manifesto: quando se desprendia aos olhos a excelência dos versos ou, noutro extremo, a precariedade do acabamento. Tudo isso, há que se repetir, considerando-se a dinâmica e os valores da obra viniciana: singularidades, motivos, diálogos, disposições de forma e conteúdo, fases, cortes, saltos, e assim por diante. Não pretendo, por óbvio, ter chegado a adivinhar as vontades do poeta. Reconhecer os limites de um trabalho como este faz recuar o possível descomedimento que o gesto autoral pode carrear, mas, também é certo, o convívio com a obra do poeta possibilitou conjecturar, arriscar, decidir. Procurei, enfim, um equilíbrio, como se meu juízo tivesse de dar conta, a um só tempo, ao leitor apaixonado e ao crítico literário mais severo. E, antes de todos, ao autor que, independentemente de sua vontade, assina este livro.

Também foi preciso considerar determinadas conjunturas. É bem provável que Vinicius tenha deixado alguns poemas inéditos por não corresponderem satisfatoriamente à sua exigência, e talvez continuassem assim mesmo que o poeta tivesse vivido mais anos e publicado mais livros. Estariam nesse caso, decerto, muitos manuscritos datados dos anos 30 e 40. Os textos das duas décadas seguintes talvez se encontrassem no mesmo caso, devendo-se atentar também para a hipótese de terem permanecido fora dos livros não por um problema intrínseco a eles, mas por não se afinarem com a especificidade das composições dos volumes. Em situações diversas estariam os textos que o poeta pretendia reunir, segundo ele, nos dois livros que vinha anunciando: *O deve e o haver* e *Roteiro lírico e sentimental da Cidade de São Sebastião do Rio de Janeiro, onde nasceu, vive em trânsito e morre de amor o poeta Vinicius de Moraes*.

Há que supor, assim, que o Arquivo Vinicius de Moraes guarda bem mais que poemas inacabados. No início dos anos 70, quase uma década sem editar um novo livro de poesia, o poeta afirmava: "Não parei de escrever, tenho feito poemas" (*Jornal do Brasil*, 1/7/1971, entrevista a Araújo Neto), e, mais adiante: "Meu último livro, de poesia misturada com crônicas, foi *Para viver um grande amor*, de 1962. Depois, claro, escrevi poesia várias vezes, mas não tinha mais vontade de publicar" (*Veja*, 16/5/1979, entrevista a Humberto Werneck e Regina Echeverria). Mais de uma vez, Vinicius computou sua longa temporada distante dos livros, fazendo ver que o tédio pela vida literária e sua contraface—o entusiasmo com o mundo da música popular—de maneira alguma o haviam afastado da escrita, e chegou mesmo a dar alguns detalhes acerca de seus projetos editoriais:

> No terreno literário vou lançar um livro que estou terminando, parafusando—*O deve e o haver*—título meio estatístico, uma espécie de balanço do que foi feito e do que se deve fazer. Alguns foram publicados pelo *Pasquim* e fazem parte d'*O haver*. Os poemas foram escritos nestes últimos quinze anos. Mas um lançamento que eu estou prometendo há muito tempo, e que desta vez sai para valer é *Roteiro lírico e sentimental da Cidade de São Sebastião do Rio de Janeiro, onde nasceu, vive em trânsito e morre de amor o poeta Vinicius de Moraes*. Comecei a escrever este livro há uns vinte e cinco anos. Ele fala sobre o Rio, é uma espécie de topografia sentimental, não turística da cidade. [...] Há um caso curioso quanto a este livro, pois toda vez que ele ficava pronto surgia um fato novo e eu escrevia um novo poema para ser acrescentado aos outros. Agora vi que chegou a hora de publicá-lo, e por isso a primeira edição sai nos próximos dias. Será uma edição de luxo, ilustrada por Carlos Scliar. Em seguida faremos uma edição popular. [*Jornal de Brasília*, 21/8/1977, entrevista a Maria do Rosário Caetano]

Infelizmente, nenhum dos livros referidos chegou a ser editado quando o poeta ainda vivia. Em edição póstuma, publicou-se parte do *Roteiro lírico e sentimental*.[2] Quanto

---

2 O livro foi editado em 1992, pela Companhia das Letras, sob o título *Roteiro lírico e sentimental da cidade do Rio de Janeiro e outros lugares por onde passou e se encantou o poeta*, com apresentação e textos adicionais de José Castello.

ao projeto desse livro, o Arquivo Vinicius de Moraes guarda sobre ele um vasto material. Além de manuscritos, há um dossiê composto de poemas datilografados, no qual o próprio poeta indicou, com emendas manuscritas, os poemas "prontos", "em andamento" e "a fazer". Tendo em vista uma futura publicação do livro, mais completa (até onde isso é possível), optei por não incluir aqui, entre os esparsos, os poemas que farão parte do volume.

Mas, se o *Roteiro lírico e sentimental* pode ser, de algum modo, reconstituído, o mesmo não se dá com *O deve e o haver*, do qual sabemos apenas que incluiria "O haver", "Balada de santa Luzia" e "A casa".[3]

Às críticas que lhe recriminavam o abandono da poesia escrita em favor da canção, Vinicius, em 1977, respondia com um novo livro e projetos futuros:

> Respondo, agora, com esse livro, *O breve momento*. Respondo que não tenho parado de fazer poesia, não. De 1970 para cá, editei pelo menos uns seis ou sete livros, sendo que dois em Buenos Aires e outros dois na Bahia. É verdade que foram edições pequenas, mas tudo isso virá à tona em um livro maior, para o grande público, no trabalho de compilação que eu estou fazendo pouco a pouco, sem muita pressa. Além disso, eu não faço a distinção que fazem certos amigos meus, um pouco puristas, entre a poesia do livro e a poesia da canção. [*Última Hora*, 6/4/1977, entrevista a Araken Távora]

Quais seriam esses "seis ou sete livros"? Sabe-se que alguns livros do poeta foram traduzidos para o espanhol e publicados em Buenos Aires, não se tratando, à vista disso, como Vinicius sugeria, de livros novos.[4] Os "outros dois na

---

3 Este último chegou a ser publicado, isoladamente, em 1975. Ver mais detalhes adiante, em "Notas sobre alguns poemas", p. 181

4 Pelo menos, não temos notícia de livros de inéditos publicados naquela cidade.

Bahia" são *História natural de Pablo Neruda: a elegia que vem de longe* e *A casa*, ambos lançados pelas Edições Macunaíma, de Salvador. O primeiro é formado por um conjunto de vinte poemas inspirados pela lembrança de Pablo Neruda, morto em 1973, ano em que os textos foram escritos (a publicação aconteceu no ano seguinte);[5] o segundo é uma plaquete que traz um só poema (ainda que longo para os padrões do poeta: 135 versos, dispostos sem divisão estrófica).[6] O outro livro a que Vinicius se refere e nomeia, *O breve momento*, é, na verdade, uma seleção de quinze sonetos, dos quais não mais que três eram, àquela altura, inéditos: "Soneto do breve momento", "Soneto do Café Lamas"[7] e "Soneto de Marta", datados, respectivamente, de 1952, 1973 e 1975. Se tais publicações atestavam — com alcances diversos — que Vinicius continuara a escrever poemas, mostravam-se, porém, pouco reveladoras (em quantidade, mas não só) da obra que permanecia fora dos livros.

Em 1993 — portanto, treze anos após a morte do poeta — a Companhia das Letras editou *Jardim noturno*, volume organizado por Ana Miranda. Tendo em vista que o livro compilou a maioria dos inéditos do Arquivo Vinicius de Moraes, é provável que grande parte dos poemas planejados para *O deve e o haver* tenha sido publicada ali. Cabe notar, porém, que o livro se caracteriza mais por ser um trabalho de levantamento, ou seja, em que foram incorporados poemas inacabados, fragmentos e vários textos que,

---

5 O volume é ilustrado com xilogravuras de Calasans Neto e teve tiragem limitada de trezentos exemplares, fora do comércio. A Companhia das Letras reeditou o livro, com o projeto gráfico baseado na edição original, em 2006.
6 Ver mais detalhes adiante, em "Notas sobre alguns poemas", p. 181.
7 Esse soneto foi listado por Vinicius entre os poemas que fariam parte do *Roteiro lírico e sentimental da Cidade do Rio de Janeiro, onde nasceu, vive em trânsito e morre de amor o poeta Vinicius de Moraes*.

acreditamos, o poeta deixara inéditos pelo simples fato de que não eram mais que exercícios.[8]

Cabe agora, pois, fazer um resumo do que se edita neste volume. Poderia afirmar que, sob o título *Poemas esparsos*, encontram-se, na verdade, os poemas que considerei *os melhores esparsos* de Vinicius de Moraes. Ou seja, selecionei entre os poemas inéditos em livro aqueles que me pareceram prontos e, mais que isso, à altura da obra édita do autor de *Poemas, sonetos e baladas*.

Os poemas já recolhidos em livro passaram por uma rigorosa leitura, daí resultando que muitos erros foram detectados e devidamente eliminados. Convém observar, porém, que esta não se trata de uma edição genético-crítica, ainda que os textos tenham sido preparados, sempre que possível, comparando-se os manuscritos com as edições feitas em vida do poeta, buscando corrigir problemas tipográficos, ortográficos e outros. Não há dúvida de que houve todo o cuidado necessário na preparação dos textos, mas dispensei a descrição minuciosa dos manuscritos, o registro de variantes, comentários sobre as etapas da escrita, enfim, todo o aparato necessário a uma edição crítica.

---

8 No texto de apresentação do livro (p. 14), a organizadora afirma que fez uma "seleção subjetiva", apresentada por temas e sem preocupação cronológica (penso que cabe registrar pelo menos um problema de edição: a inclusão do poema "Versos soltos do mar", que, na verdade, é uma tradução não concluída por Vinicius de um poema do espanhol Rafael Alberti, intitulado "Arion — versos sueltos del mar). Trabalho semelhante foi realizado em *Poesia completa e prosa de Vinicius de Moraes*, editado pela Nova Aguilar. A partir de 1998, o volume passou a trazer a seção "Poesias coligidas", que reúne os textos publicados em *Jardim noturno*, embora adotando um duplo critério na ordem de apresentação dos poemas: cronológico (para os textos datados) e ordem alfabética (para os textos sem data). Em 1993, a Companhia das Letras publicou ainda uma antologia de poemas intitulada *As coisas do alto*, organizada por José Castello, da qual constam doze poemas inéditos. Destes, publicamos aqui apenas dois: "A ponte de Van Gogh" e "Meu Deus, eu andei com Manuel Bandeira".

Além dos poemas inéditos em livro e dos poemas já recolhidos em edições póstumas, reuni alguns poemas que ficaram restritos à antiga *Antologia poética* de Vinicius. Esclareço que, na antologia que publicou em 1954, o poeta, contrariando o que se passa habitualmente em publicações dessa natureza, além de nela recolher textos de seus livros, acrescentou-lhe um conjunto expressivo de poemas editados apenas em revistas e jornais. Quando, em 2003, Antonio Cicero e eu refizemos e atualizamos aquela antologia—que, em tudo renovada, passou a se chamar *Nova antologia poética* —, deixamos de fora alguns desses poemas. Deparei, assim, com a seguinte situação: sendo a antiga *Antologia* o livro de origem de tais poemas, o fato de eles não terem sido selecionados na *Nova antologia* faria com que ficassem *sem livro*. A fim de evitar tal problema, aqueles textos retornaram, digamos assim, à sua originária condição de esparsos (situação anterior à recolha de 1954 e à sua segunda edição, aumentada, em 1960) e foram recolhidos aqui.

Defini-me por não fazer uma divisão temática ou outro arranjo que dividisse o livro em fases ou coisa que o valha. Nesse sentido, orientou-me a constatação de que Vinicius nunca estruturou seus livros em função de temas ou procedimentos formais: cada livro se apresenta como um conjunto indiviso, sendo única exceção a sua *Antologia poética*, cuja tripartição compunha um cenário subordinado à cronologia das fases que o poeta identificava em sua obra.[9] Assim, para compor um livro, digamos, à maneira viniciana, abdiquei de ordenações que segmentassem ou ramificassem o agrupamento dos poemas. Inquietava-me, porém, o

---

9 Sobre tal questão, ver a *Nova antologia poética*, que reproduz a nota introdutória em que Vinicius explicita seus pressupostos críticos (ou melhor, autocríticos) e conseqüentes procedimentos editoriais. No mesmo volume, os organizadores discutem os critérios do poeta e expõem a nova orientação adotada por eles.

risco de uma total arbitrariedade. Elegi, por conseguinte, uma orientação cronológica, que se mostrou viável e profícua desde a seleção dos textos.

Dos 69 textos que compõem *Poemas esparsos*, 24 foram datados por Vinicius. De outros vinte foi possível inferir sem grande risco os anos em que foram escritos.[10] Outros puderam ter um período identificado.[11], e a maior parte dos restantes foram agrupados pela proximidade temporal, considerando-se para isso os manuscritos (a caligrafia é um índice mais ou menos seguro de alguns períodos da vida de Vinicius), certas marcas de estilo e, por fim, a publicação na *Antologia poética*, que foi ponderada como marco cronológico. Quase todos os textos, portanto, puderam ser situados temporalmente em anos ou, pelo menos, em décadas, possibilitando um traçado no mínimo aproximativo.

Optei, no entanto, por um desenrolar decrescente: os poemas formam uma seqüência que se inicia pelo mais atual e segue até o mais antigo. Ou ainda, o livro apresenta, de imediato, o último Vinicius, e vai recuando paulatinamente àquele Vinicius mais distante, ao menos no tempo. Com isso, acredito haver encontrado a melhor alternativa para dar a ver o desenvolvimento da obra do poeta.

---

10 Refiro-me a casos como o do "Soneto na morte de José Arthur da Frota Moreira", em que provavelmente o ano da escrita coincide com o ano do falecimento do amigo homenageado no poema (1963).

11 Caso de poemas como "Desert Hot Springs", escrito certamente no período em que Vinicius morou em Los Angeles (de 1946 a 1950), ou "Estâncias à minha filha", que fala de sua primeira filha, Susana, nascida em 1940, ainda bebê.

NOTAS SOBRE
ALGUNS POEMAS

A ÚLTIMA MÚSICA

Há duas versões do poema no Arquivo-Museu de Literatura Brasileira—Fundação Casa de Rui Barbosa—AMLB. Uma, pela caligrafia, é certamente a primeira. A segunda é uma versão mais sintética, em que alguns versos e imagens são aproveitados, bem como o título. Publicou-se aqui esta última.

O HAVER

No AMLB, há um dactiloscrito de 1962 e outro, sem data, mas certamente posterior, já que incorpora as mudanças anotadas no primeiro. O poema foi publicado no "Suplemento Literário" do *Diário de Notícias* em 15 de abril de 1962.

Muito embora outra versão tenha sido publicada n'*O melhor do Pasquim, 1969/70* (p. 42), a versão datiloscrita de 1962 reapareceu em *Jardim noturno*, de 1993. Em 1977, o poema foi recitado pelo poeta no disco *Antologia poética*, seguindo a versão publicada nesse jornal, com apenas três pequenas alterações. Publicou-se aqui a versão recitada pelo autor, tomando por base a versão de 1970. O ano do disco serviu para situar o poema no conjunto do livro.

SONETO DE MARTA

Apareceu, pela primeira vez, no livro *O breve momento* (Lithos Edições de Arte, 1977). O volume traz quinze sonetos acompanhados por quinze serigrafias de Carlos Leão. A tiragem é de 550 exemplares numerados, assinados pelo poeta e pelo ilustrador.

A CASA

Foi publicado, isoladamente, em 1975, numa plaquete de cinco folhas soltas. Apesar de modesta, a publicação traz um colofão bastante eloqüente:

Este livro foi editado
aos primeiros dias do mês
de janeiro do ano de mil
novecentos e setenta e cinco
da graça de Iansã
pelas Edições Macunaíma
com capa de Carlos Bastos
detalhe da planta baixa
de Sílvio Robatto e Jamison
Pedra e planejamento
gráfico de Calasans Neto
sendo composto e impresso
pela S.A. Artes Gráficas
na Cidade do Salvador, Bahia.
Constitui ele também uma
homenagem aos mestres-de-obras
Luís Dias e Pedro Carvalhaes
que aqui aportaram no séquito
de Tomé de Souza
e foram os primeiros a
se dedicarem à nobre arte
de construir casas.

Embora o colofão não registre, a tiragem foi de trezentos exemplares. Anote-se, ainda, que a Edições Macunaíma foi criada, em 1957, por Glauber Rocha, Calasans Neto e Fernando Peres, com o intuito de divulgar trabalhos de escritores baianos. Quando da edição d'*A casa*, uma matéria (com trechos de uma entrevista com o poeta), publicada no jornal *O Globo* (11/1/1975), afirma: "Posteriormente, esse poema fará parte do livro *O deve e o haver*, que Vinicius vem preparando há algum tempo".

BALADA DE SANTA LUZIA

Publicado n'*O Estado de São Paulo*, "Suplemento Literário",
24 de setembro de 1972. Na entrevista—concedida a The-
reza Cesário Alvim—que precede o poema, Vinicius decla-
ra: "Um original para o *Estado*? Dou sim. Dou a 'Balada de
Santa Luzia', meu poema preferido entre todos desta leva. É
dedicado a Alfredo Volpi, que pintou uma imagem linda de
Santa Luzia". E ainda: "[...] há poemas longos demais para
serem musicados como, por exemplo, a 'Balada de Santa
Luzia', que acabo de escrever para *O deve e o haver*".

SOB O TRÓPICO DO CÂNCER

Inédito em livro. No AMLB há quatro dactiloscritos comple-
tos, um incompleto e fragmentos. É possível, comparando-os
e observando a incorporação das mudanças anotadas, definir
a seqüência em que foram escritos. A última versão, porém,
está incompleta. Na primeira e na última, o título é "Sob o
trópico de câncer". Posteriormente, em 1969, o poema foi re-
citado integralmente pelo poeta numa apresentação em Por-
tugal, que foi gravada em disco, e parte dele foi publicada
n'*O Pasquim*, edição nº 46, de 7 a 13 de maio de 1970. Apesar
disso, o poeta declara em entrevista (concedida a Ricardo
Noblat e Tadeu Lubambo) datada de agosto de 1973, à revis-
ta *Desfile*: "Eu tenho um poema sobre o câncer, que nunca
foi publicado no Brasil, e que levei dez anos para escrevê-lo".
Na leitura gravada, Vinicius segue basicamente o texto publi-
cado n'*O Pasquim*, acrescentando-lhe algumas partes. Repro-
duziu-se aqui o poema na íntegra, ou seja, a versão recitada
pelo poeta. Para tanto, serviu de base a publicação n'*O Pas-
quim* e, para as partes não publicadas ali (II, V e VII) ou alte-
radas quando da leitura (IV e VI), os dactiloscritos. A parte V
consta somente da leitura.

MOTE E CONTRAMOTE

Publicado, pela primeira vez, na antologia *Jardim noturno* (Companhia das Letras, 1993), sem o título, a epígrafe e o P.S. O poema refere-se ao sismo que, em 28 de fevereiro de 1969, atingiu Lisboa e o sul de Portugal. Vinicius de Moraes encontrava-se na cidade naquele dia.

ODE NO OCTONTENÁRIO DE MANUEL BANDEIRA

Há um equívoco de Vinicius quanto à data do aniversário de Manuel Bandeira, que nasceu no dia 19 de abril de 1886.

ALEXANDRA, A CAÇADORA

O poema festeja o aniversário de Alexandra Archer, filha de Madeleine e Renato Archer, amigos do poeta. Foi publicado, pela primeira vez, em *Poesia completa e prosa* (Nova Aguilar, 1998). No AMLB há três versões: duas datilografadas, com muitas emendas, e uma manuscrita. Esta última (sem dúvida, a conclusiva, já que incorpora as mudanças das versões anteriores e não possui nenhuma emenda) vem escrita num cartão sem pauta (formato almaço), com uma capa manuscrita que traz o título do poema, um desenho (duas flores cruzadas e uma menor) e a seguinte inscrição:

poema que lhe foi dedicado
no seu primeiro ano de vida
por seu muito exclusivo poeta

Vinicius de Moraes
Paris, julho de 1964

SONETO NA MORTE DE JOSÉ ARTHUR DA FROTA MOREIRA

Publicado, pela primeira vez, em *Jardim noturno* (Companhia das Letras, 1993). José Arthur da Frota Moreira nasceu em Fortaleza, CE, no mesmo ano que Vinicius, 1913. Ambos estudaram no Colégio Santo Inácio e foram colegas na Faculdade de Direito da Universidade do Rio de Janeiro. Nesta, fizeram parte do Centro Acadêmico Jurídico Universitário — caju, ao lado de colegas como Otávio de Faria, Mário Vieira de Mello, Thiers Martins Moreira, Américo Jacobina Lacombe e Vicente Chermont de Miranda. O terceiro livro de Vinicius, *Ariana, a mulher* (1936), traz a seguinte dedicatória: "A José Arthur da Frota Moreira — em relembrança". O amigo voltaria a ser homenageado adiante, noutra dedicatória, a do livro *Cinco elegias* (1943): "Para José Arthur da Frota Moreira, Octavio de Faria, Mario Vieira de Mello". O soneto de Vinicius de Moraes registra afetivamente a morte do companheiro, ocorrida em 8 de junho de 1963. Em carta datada de 7 de outubro daquele ano, endereçada a Tom Jobim, Vinicius comentaria:

> Hoje estou cheio de sentimentos bons no coração. Com muita saudade de meu velho amigo José Arthur da Frota Moreira, com quem vi pela primeira vez esta cidade [Roma], durante quase um mês em 1952, e que morreu no princípio do ano, de uma leucemia besta.

Frota Moreira foi um dos fundadores do Partido Trabalhista Brasileiro — PTB, do qual foi secretário-geral em São Paulo (1945-50), secretário-geral nacional (1950) e deputado federal por São Paulo (1951-55, 1955-59).

EXUMAÇÃO DE MÁRIO DE ANDRADE

Publicado no "Suplemento Literário" do jornal *Diário de Notícias*, de 8 de julho de 1962. No AMLB, encontra-se uma primeira versão do poema, com o título "Retrato de Carlos Drummond de Andrade" (ver reprodução do manuscrito no caderno de imagens que abre o presente volume):

Duas da manhã: abro uma gaveta
Com um gesto sem finalidade
E dou com o retrato do poeta
Carlos Drummond de Andrade.

Seus olhos nem por um segundo
Piscam; o poeta me encara
E eu vejo pela sua cara
Que ele devia estar sofrendo
Dentro daquela gaveta há muito.

Tiro-o, depois com mão amiga
Limpo-o da poeira que lhe embaça
Os óculos e suja-lhe a camisa
E o poeta como que acha graça.

Procuro um lugar para instalá-lo
Na minha pequena sala fria
Essa sala tão sem poesia
Onde me reencontro todo dia
E onde me sento e onde me calo.

Um manuscrito posterior (cuja primeira página também vem reproduzida aqui, no caderno de imagens) traz o nome "Carlos Drummond" riscado e dois acréscimos: acima, o nome "Mário"; abaixo, outra vez o nome "Carlos Drummond". Na primeira estrofe, porém, o nome que aparece ainda é o do poeta mineiro.

O Arquivo Vinicius de Moraes guarda outros manuscritos do poema, já decididamente dedicado a Mário de Andrade. Reproduzimos aqui a última versão, publicada no *Diário de Notícias*.

OS HOMENS DA TERRA
Publicado em *Violão de rua — Cadernos do povo brasileiro — Poemas para a Liberdade* (Rio de Janeiro: Civilização Brasileira/Centro Popular de Cultura da União Nacional dos Estudantes, 1962). O volume traz ainda o célebre poema "O operário em construção", publicado anteriormente em *Novos poemas II* (1959). Muito embora "Os homens da terra" não tenha sido recolhido em livro por Vinicius, este declarou em entrevista: "Jamais escreveria um poema político se não soubesse que ele é bom. E nunca publiquei um que não é bom. Prefiro não escrever" (*Veja*, 16/5/1979, entrevista a Humberto Werneck e Regina Echeverria).

EPITALÂMIO II
O título é apenas "Epitalâmio". A numeração foi acrescentada para distingui-lo de um poema anterior que leva o mesmo nome.

NOTURNO DE GENEBRA
Inédito. O poema alude provavelmente ao contexto político da Conferência de Genebra, realizada em 1954.

JAYME OVALLE VAI-SE EMBORA
Inédito. Está manuscrito no verso de uma carta (de 4 de janeiro de 1946) do escritor e poeta Charles Edward Eaton (que serviu como vice-cônsul no Rio de Janeiro entre 1942 e 1946)

para o dr. Henry Allen Mae, do John Simon Guggenheim Memorial Foundation. Nos versos, Vinicius lamenta a mudança de Jayme Ovalle, do Rio para Nova York, em fevereiro de 1946. O fato também deu origem a um poema de Manuel Bandeira, "Esparsa triste", publicado no livro *Belo belo*.

SONETO COM PÁSSARO E AVIÃO

O poema refere-se ao acidente com o hidroavião Latécoère Laté 631, Lionel de Marmier, quando fazia um vôo experimental do Rio de Janeiro com destino a Buenos Aires, em 31 de outubro de 1945. Vinicius estava no avião com dois amigos, Aníbal Machado e Moacir Werneck de Castro. Morreram duas pessoas (um deles, Pedro Teixeira, jornalista d'*O Globo*).

AVE, SUSANA

Há dois documentos no AMLB: um manuscrito datado de 17 de fevereiro de 1941, no qual o poeta acrescentou "Teu pai", e um dactiloscrito datado de dois dias depois, sem o acréscimo.

LULLABY TO SUSANA

Publicado no jornal *A Manhã*, "Suplemento Literário", 4 de outubro de 1942, com ilustração de Santa Rosa (a imagem está reproduzida no caderno que abre o presente volume).

DOBRADO DE MESTRES-CUCAS

O AMLB guarda um manuscrito—com pouquíssimas correções, sob o título "Dobrado dos grandes mestres", datado: "Itatiaia, Set. 1937"—e um dactiloscrito, com poucas mudanças em relação àquele, trazendo, porém, outro título: "Dobrado de mestres-cucas". Há outras versões intermediárias com mudanças mínimas.

MEU DEUS, EU ANDEI COM MANUEL BANDEIRA

O poema tematiza um dos primeiros encontros do poeta com Manuel Bandeira. Mais tarde, em crônica (*Correio da Manhã*, 1940), Vinicius falaria desse encontro:

> Uma noite saímos juntos. Grande noite para mim, e Manuel, paternal, me levou ao cinema, me levou à Americana para tomarmos um *malted milk*, depois me levou ao Beco, onde subi sete andares num elevador vermelho, que pia feito gavião quando chega. Conheci seu quarto, esse quarto que às vezes tem sido para o poeta um lugar de tristezas; e que para mim tem sido tantas vezes um lugar de sossego. E banhei-me do verso exemplar de *Estrela da manhã*, ainda inédito, que o poeta leu para mim, ou melhor, que me jogou em cima, com aquele seu modo brusco de ler poesia.

ESSA, SENTADA AO PIANO

O poema data, provavelmente, de 1933. Antonia foi uma das primeiras namoradas de Vinicius.

ARQUIVO

O MENESTREL DE NOSSO TEMPO*
FERNANDO SABINO

Há pouco mais de uma semana ele estreou em São Paulo. No ano passado percorreu 40 cidades paulistas e mineiras, cantando para mais de 100 mil pessoas. Este ano já esteve na Bahia, em Pernambuco, em Minas e no Rio Grande do Sul.

> Do alto de seu trono, o poeta, gordo e cabelos brancos, literalmente conduz o público para uma apoteose em que ninguém deixa de cantar com ele [da revista *Veja*].

Quando regressou de Los Angeles, nos idos de 50, foi entrevistado pela televisão. A música mais em moda atualmente? Chama-se "All the things you are"—e começou a cantar, como um *crooner* de Tommy Dorsey. Um escândalo!—diplomata de carreira, poeta consagrado, como é que se dava a tamanho desfrute? Os que estranharam não perderam por esperar: em pouco era o sucesso dos *shows* como o do Bon Gourmet, o encontro com Tom, *Orfeu da Conceição*, João Gilberto, bossa nova. O resto é história da música popular brasileira.

Outro dia ele me telefonou de Porto Alegre. Como vão as coisas? E aqueles longos silêncios que nos obrigam a falar sem parar, dando notícias, inventando assunto. O interlocutor em geral não sabe que ele está falando de dentro de uma banheira, onde permanece horas, copinho de uísque à mão, papel e lápis para qualquer eventualidade, e o telefone para saber dos amigos como vão as coisas. Telefona de onde estiver: de São Paulo, Recife, Lisboa, Paris. Telefonava de Los Angeles para Nova York, e me dava aflição a distância

---

* Publicado no *Jornal do Brasil*, 7 de maio de 1973.

entre as duas cidades, implicando uma conta de interurbano catastrófica para ele naquela época: Que é que você manda? Está precisando de alguma informação? Algum recado urgente?

E ele, com a voz descansada:

— Não, é só para saber como vão as coisas.

Oh, quem me dera não sonhar mais nunca
Nada ter de tristezas nem saudades
Ser apenas Moraes sem ser Vinicius!

O plural de seu nome, segundo Sérgio Porto, se deve ao fato de não ser um apenas, mas uma porção deles. Tem o dom da ubiqüidade. Pode ser encontrado em toda parte ao mesmo tempo: em Petrópolis, Ouro Preto, Londres, Paris, Roma. Em Buenos Aires, onde estive uma semana depois dele, encontro ecos de sua passagem: seu *show* fez mais sucesso que a orquestra de Duke Ellington. No bar do hotel em que ele costuma ficar, garçonetes indiferentes atendem os fregueses, mas se alvoroçam, assanhadinhas, quando menciono seu nome: é amigo dele? Quando é que ele volta? E o *barman* da primeira classe do *Eugenio c*, um velho italiano com mais de quinze anos de profissão, me assegura que tem bons fregueses, entre os passageiros mais constantes — mas nenhum como um poeta brasileiro, chamado... Não, não precisa dizer, pode me dar o chapéu que é ele mesmo.

Em 1944 os três jovens literatos mineiros o esperavam no Alcazar, o bar da moda na Avenida Atlântica. De paletó e gravata, como bons provincianos. E ele chega de calção, pedalando uma bicicleta. Depois de muitos chopes e uma lição que se dignou a ministrar-nos, a pedido nosso, sobre certas práticas eróticas ainda pouco divulgadas na província, foi-se como veio — para nosso pasmo assinando a nota com a maior naturalidade. Aquele era o poeta de *Forma e exegese.* De "A Legião dos Úrias". De "O bergantim da aurora". De "A música das almas". O sentimento do sublime:

Quem sou eu senão um grande sonho obscuro em face do sonho
Senão uma grande angústia obscura em face da angústia.

Foi para nós uma das primeiras revelações de Poesia, com *p* maiúsculo. Mas foi também um dos primeiros a desmascarar aos nossos olhos a mistificação da grandiloqüência, em favor de uma poesia mais simples, colhida na intimidade do cotidiano.

Trinta anos de convivência! Um dia desses marcamos um encontro. Escolhemos um bar pouco freqüentado, onde pudéssemos conversar calmamente. E de súbito, solenizados diante de nosso uísque, em silêncio até ali, nos olhamos e começamos a rir: engraçado esse nosso encontro para conversar. Conversar o quê? Já não conversamos tudo? Pois então vamos embora, não é isso mesmo? E começamos a rir como dois idiotas, sem perceber que estávamos exercendo o simples ritual da amizade além das palavras.

Homem, sou belo, macho, sou forte, poeta sou altíssimo.

Fazendo ponto no Vermelhinho, em 1945, com Rubem Braga e Moacir Werneck de Castro. A tomada de posição política e a consciência dos problemas sociais refletindo-se na poesia. Sua convivência com pintores e arquitetos: Carlos Leão, Santa Rosa, Niemeyer. O homem estava em todas: circulando com Orson Welles, recebendo Neruda em sua casa, dançando *boogie-woogie* na casa de Aníbal Machado, fazendo crítica de cinema: por que Ginger Rogers, com tão belas pernas, não representa de cabeça para baixo? Tinha idéias inusitadas, como a de defender o cinema mudo — ou de anunciar que, segundo fora informado, a esquadra inglesa estava fundeada na Lagoa Rodrigo de Freitas. O mais grave é que todos nós acreditamos, ou pagamos para ver: enchemos três táxis e fomos lá conferir. Depois ousou voar no maior hidroavião do mundo, um monstrengo chamado Lionel de Marmier. Eu disse que não fosse, ia cair. Resultado: caiu mesmo e ele morreu pela primeira vez.

> Nova Iorque acorda para a noite. Oito milhões de solitários se dissolvem, pelas ruas sem manhã. Nova Iorque entrega-se.

Era uma delegação de intelectuais que visitava Belo Horizonte, em 1943, a convite do Juscelino. Em meio a tanta gente, ele era o poeta. E alta noite fomos ver a lua no Parque Municipal. Alguém apareceu com um violão: depois de um sambinha ou outro, ele começou a tocar—e a cantar!—"Blue moon". Tomados de entusiasmo etílico, por pouco não celebramos o insólito acontecimento jogando um amigo nosso dentro do lago. Depois subimos a pé a Avenida João Pinheiro e já somos apenas três, em companhia do poeta de nossa admiração. Vamos para o banco de sempre na Praça da Liberdade, puxar uma angustiazinha:

—Que sentido têm as coisas?

—Que somos nós, diante da eternidade?

A alma encharcada de literatura até o rabo. Mas o poeta não deixa por menos:

—Bom mesmo é mulher.

—Espécie adorável de poesia eterna!

E ao fim, "nós todos, animais, sem comoção nenhuma, mijamos em comum numa festa de espuma."

De repente, em 1946, baixou o Leviatã. Então fomos embora. Em Ciudad Trujillo um coronel de 17 anos, sobrinho do ditador, se encarregou de nos mostrar a cidade—sempre ameaçando mandar fuzilá-lo quando ele começava a descompor o tio. Em Miami foi desclassificado num concurso de rumba, apesar do estímulo de minha torcida. E em Nova Iorque foram dias (e noites) de alumbramento, emoção e poesia, Jayme Ovalle, José Auto e companhia. Lá pelas tantas, o poeta escafedeu-se — ou foi raptado por uma mulher, nunca ficou bem apurado. Ressurgiu como cônsul em Los Angeles, de onde regressou quatro anos mais tarde, de cabelos grisalhos e passado a limpo.

— Estive com ele. Está mais sério, mais maduro.

— Então vai dar passarinho — concluiu judiciosamente Jayme Ovalle.

Deu novo casamento — passou, mesmo, a casar-se com relativa freqüência. Morrendo a cada nova paixão. Que seja infinito enquanto dure! E recomeçando a vida com uma escova de dentes, deixando tudo atrás de si, ao sair para outra.

Mais do que nunca é preciso cantar!

Qual o segredo de sua permanente renovação? Com seu jeito mansinho e seu cabelo de Visconde de Cairu, lá vai ele. O carioca agora é baiano. Bênção, meu santo. Saravá! Quantas vezes o vi ressurgir, com fôlego de sete gatos, para acrescentar alguma coisa à sua obra numerosa de poeta, sempre exaltando a vida, o amor e a mulher, fontes perenes de sua inspiração. Os adultos às vezes se irritam — mas as crianças o entendem. Hoje a sua mensagem se transmite através da música — desceu do pedestal da literatura para tornar-se o grande menestrel de nosso tempo. A palavra se fez canto, o poema se fez canção — como diz Otto Lara Resende no prefácio ao seu livro de sonetos:

"O poeta altíssimo está, finalmente, na boca das multidões."

VINICIUS: O CAMINHO DO POETA*
FERREIRA GULLAR

As pessoas que sabem de cor "Garota de Ipanema" ou outra qualquer canção escrita por Vinicius de Moraes dificilmente o reconheceriam nos poemas de seu primeiro livro, *O caminho para a distância*, editado quando o poeta tinha 20 anos. Nessa época, se se interessava pelas garotas—e é fato que se interessava—não as tomava como tema de sua poesia. A própria cidade do Rio, com suas praias ensolaradas e montanhas majestosas, parecia não existir para o jovem poeta que falava de névoas, de lírios e de anjos. Como o próprio título do livro indica, o seu propósito era abandonar este mundo de sensualidade e pecado para alcançar uma dimensão de pureza, que dizia ser a sua suprema aspiração. O que o horrorizava era a *carne*. A história do homem—conforme um dos poemas desse livro—resumia-se no abandono dos valores religiosos para, na época moderna, tornar-se presa do prazer material: "O homem novo/ que vinha trazer à carne um novo sentido de prazer/ e vinha expulsar o Espírito dos seres e das coisas". E ele próprio confessava: "Cedi ao prazer da carne do mundo".

O aparecimento desse livro chamou a atenção. Ele revelava um poeta de enorme força expressiva e voltado para uma dimensão espiritual que a moderna poesia brasileira desconhecia. O jovem Vinicius espantava pelo conteúdo e pela forma, também inusual. Seus versos eram como as ondas de um mar em ressaca, desdobrando-se e estrondando numa atordoante sucessão de ritmos e imagens. Fôlego não lhe faltava, e o tormento espiritual de que se mostrava tomado abria-lhe um caminho promissor na poesia brasileira. Promissor e imprevisível.

* Publicado no *Jornal da Tarde*, 12 de julho de 1980.

O segundo livro, *Forma e exegese*, publicado em 1935, não faria mais que confirmar as promessas do primeiro. O mesmo poder verbal, a mesma riqueza rítmica e imagística, só que agora havia mais audácia no uso dos recursos poéticos. A inquietação espiritual se aprofunda e define seus parentescos: Rimbaud, Claudel, Péguy. Ele assume a maldição do poeta que identifica a beleza com a beatitude e sabe que nasceu do pecado e vive nele. Assim, a condição do poeta é o desespero e a própria poesia aparece como um instrumento limitado para alcançar os altos céus espirituais. A sua visão se torna apocalíptica e ele experimenta "o caos da poesia". Mas, ao mesmo tempo, sente viver uma experiência única, como uma rimbaudiana temporada no inferno: "Aqui vejo coisas que a mente humana jamais viu".

Se o primeiro livro chamara a atenção sobre o jovem poeta, o segundo o consagra: obtém o prêmio Felipe d'Oliveira e o aplauso da crítica. Deve-se observar, no entanto, que em *Forma e exegese* o tema da mulher, com seu fascínio e sua sensualidade, já se insinua em alguns poemas. No primeiro livro, ele é apenas uma alusão difusa, expressa em referências genéricas. Agora começa a se particularizar e ganhar corpo: a carne, o pecado se configuram em seios, em pele e em lábios femininos. Talvez esteja aí o prenúncio da mudança que se verificará no terceiro livro.

É o próprio poeta quem dá por encerrada ali uma fase de sua poesia. Ao organizar o volume da editora Aguilar, que reúne sua obra poética, ele a subdivide em fases, a primeira das quais intitula "O sentimento do sublime". A segunda fase, "A saudade do cotidiano", começa com o terceiro livro, publicado em 1938: *Novos poemas*.

A mudança é patente, a começar pela epígrafe tomada de empréstimo a Manuel Bandeira: "Todos os ritmos, sobretudo os inumeráveis". À primeira vista, essa epígrafe indica muito pouco: já apontamos a riqueza de ritmos da poesia anterior de Vinicius. A leitura do livro nos revela duas coisas: a primeira é que a mudança não está na riqueza única dos versos — que persiste — mas na variação dos métodos adotados agora pelo poeta. Já quase não há nele a retórica em catadupa dos livros anteriores. Há mais contenção, versos metrificados e rimados e até sonetos, de mistura com poemas em versos livres e brancos. A segunda coisa a observar é a presença do elemento cotidiano — e essa é de fato a grande novidade desses *Novos poemas* na evolução de Vinicius. Esse elemento cotidiano se introduz em sua poética através de outro elemento de que jamais se valera antes — o humor. Um humor que traz a marca de Manuel Bandeira. A epígrafe era, assim, uma indicação e um despiste: indicava a sua aproximação com o autor de *Estrela da manhã* mas despistava a natureza real dessa aproximação. A influência de Bandeira sobre Vinicius será decisiva para o futuro de sua poesia: a atitude profética e "maldita" vai sendo substituída por um lirismo às vezes terno, às vezes debochado, ou pela paixão sensual exposta sem reservas. Um exemplo dessa mudança radical é o "Soneto de intimidade", em que o poeta confraterniza com bois e vacas no curral de uma fazenda: "Mijamos em comum numa festa de espuma". Estamos longe de todo desespero metafísico.

Mas não é fácil para quem visitou os altos céus espirituais ajustar-se ao cotidiano pobre em que vivem os outros homens. É por isso que, como um anjo caído, ele sofre a nostalgia de seu primeiro estado. "Meu sonho, eu te perdi; tornei-me em homem". Com esse verso começa a "Elegia quase uma ode", a primeira das cinco elegias que constituem o seu quarto volume de versos, editado em 1943.

Essa primeira elegia tem ainda o tom da primeira fase mas o sentido é outro: o poeta, se ainda exalta a experiência do sublime como a infância perdida de sua poesia, sabe que já não é mais possível retornar a ela. Trata-se de um ajuste de contas e uma despedida dolorosa. O sonho acabou: o poeta tem diante de si o mundo real. A "Elegia lírica", a segunda, mistura os dois tons — da exaltação e da fala simples, prosaica mesmo — e há um trecho em que o poeta fala em prosa. Há nisso um inconformismo com respeito à realidade e à poesia que é possível fazer agora: se a poesia não permite a revelação do Espírito, não há por que tratá-la com requintes. E é na "Última elegia" que esse inconformismo se manifesta plenamente, com a ruptura dos discursos poéticos, a junção arbitrária de português e inglês, a invenção de palavras e sua disposição inusitada na página. É com uma espécie de fúria que Vinicius se despede de seu passado poético. Inicia aí um caminho que vai levá-lo para além dos limites convencionais do comportamento poético. Mas ainda há muito que andar.

Não é por acaso que, na edição da Aguilar, a fase que sucede às *Cinco elegias* e que começa com o livro *Poemas, sonetos e baladas*, o poeta a intitula de "O encontro com o cotidiano". Se nem sempre o cotidiano aparece aí na sua crueza ou como referência imediata, o que importa é a postura do poeta: é para o cotidiano que ele está voltado e é dele que retira a matéria dos poemas. Os "anjos" agora são as arquivistas, meninas que passeiam de bicicleta na praia. Mas o cotidiano não o satisfaz: lamenta a vida pouca de todos os que vivem nessa realidade sem sonho e confessa: "tenho um tédio enorme da vida". E essa mesma insatisfação que, antes, levara-o aos arroubos místicos, agora o impelirá à denúncia e à revolta: ele toma consciência de que é necessário mudar a sociedade, clamar contra a injustiça, a fome, a prostituição. Os problemas do mundo o ocupam e o preocupam. Não pode ir ao encontro da mulher amada porque "há milhões de mortos a enterrar/ muitas cidades a reerguer, muita pobreza pelo mundo". Ele condena a guerra, a exploração do trabalho, glosa com sarcasmo a bomba atômica.

Do ponto de vista da forma poética, deve-se observar um dado curioso: ao contrário do que costuma ocorrer, a maior aproximação do cotidiano coincide nele com o uso de formas poéticas tradicionais—o soneto, a balada, etc. Historicamente, o que ocorreu foi o inverso: a descoberta do cotidiano levou os poetas a romper com aquelas formas e criar o verso livre. Mas Vinicius, que, na fase "metafísica", usou e abusou desse tipo de verso, quase o abandonou ao voltar-se para os temas prosaicos. E essa inversão resulta fecunda para o próprio poeta, que introduz naquelas formas vida nova, particularmente no que se refere ao soneto: alguns dos seus sonetos de amor tornaram-se peças antológicas pela força única e pela musicalidade dos versos. A volta de Vinicius ao cotidiano determina, ao mesmo tempo, a predominância da mulher como tema fundamental de sua poesia. Ele a canta e exalta de todas as maneiras e em todas as situações—e a isso deve grande parte da popularidade que alcançou, mesmo antes de se tornar compositor e cantor de canções populares.

Muita gente vê na adesão de Vinicius à música popular um abandono de sua carreira de poeta. Mas essa é uma visão equivocada. Na verdade, trata-se de um desdobramento natural de sua experiência, que vem do metafísico ao cotidiano, do erudito ao popular. É um processo de redescoberta de si mesmo e de exploração permanente de suas potencialidades expressivas que o conduz à música. E é também um processo de desmistificação da poesia, como temática e como forma. Não pretendemos colocar a questão em termos de alternativa excludente: ou a poesia ou a música popular; nem adotar a tese, defendida por alguns, de que a canção popular, hoje, no Brasil, substituiu a poesia. Nada disso: uma e outra são manifestações específicas e não intercambiáveis. O próprio Vinicius não abandonou a poesia que, ao longo destes anos, mais de uma vez o solicitou. A sua entrega à música popular corresponde à sua formação de carioca, à sua experiência de boêmio e ao fundo sentimento romântico que é um dos traços mais vivos de sua personalidade.

A MÚSICA POPULAR ENTRA NO PARAÍSO*
CARLOS DRUMMOND DE ANDRADE

Deus — Quem é este baixinho que vem aí, ao som do violão, de copo cheio na mão?

São Pedro — Senhor, pelos indícios, só pode ser o vosso servo Vinicius, Menestrel da Gávea e dos amores inumeráveis.

Deus — Será que ele vem fazer alaúza no céu, perturbando o coro dos meus anjos-cantores, diplomados pela Schola Cantorum do mestre São Jorge, o Grande?

São Pedro (hesitante) — Bem... Eu acho, com a devida licença, que ele traz um som novo, mais terrestre, menos beatífico, é certo, mas com uma suavidade brasileira inspirada nos seresteiros seus avós, os quais já têm assentos cativos junto ao vosso trono, Senhor. Coisa mui digna de vossa especial atenção.

Deus — Hum, hum...

São Pedro — Posso continuar, Senhor?

Deus — Vá dizendo, Pedro. É sabido que você tem um fraco por essa gente que canta de noite, esteja ou não pescando, principalmente não estando.

São Pedro — Pois eu digo, Senhor, que esse baixinho aí, todo simpatia e delicadeza, é um de vossos bons servidores na Terra, pois combateu a maldade pela ternura, a injustiça pela fra-

* Publicado no *Jornal do Brasil*, 11 de julho de 1980.

ternidade, e compôs os cânticos profanos que, elevando o coração dos ouvintes, fazem o mesmo que os cânticos sagrados. Deus (surpreso) — O mesmo?

São Pedro — O mesmo, Senhor, porque vós permitistes ao homem trilhar a vida direta ou a vida indireta, conforme o gosto dele. Este poetinha escolheu a segunda, por inclinação natural, e manifestou à sua maneira própria o amor à humanidade, distribuindo-o de preferência, na medida do possível, a umas quantas eleitas.

Deus — Não terá sido antes dispersão do que concentração?

São Pedro — As duas coisas, mas unidas tão sutilmente! E essa unidade paradoxal, mas espontânea, produziu os hinos do amor carnal, nos quais foi glorificado o corpo que concedestes às criaturas, e por essa forma glorificou-se a vossa divina Criação.

Deus — Menos mau, se assim foi. Então esse... como lhe chamas?

São Pedro — Vinicius, não o patrício romano, que o amor conduziu do paganismo à fé cristã, mas o de Mello Moraes, filho de pais que curtiam o Quo Vadis. Este nasceu diretamente para o amor, e não precisou meter-se nas embrulhadas do paganismo de Nero para achar o rumo de sua alma. Ele já estava traçado pelas estrelas de outubro, vossas mensageiras. Vinicius nasceu com a célula poética, e esta desabrochou em cânticos variados, na voz de seus lábios e na dos instrumentos. Com estes cânticos ele encantou o seu povo. E era um povo necessitado de canto, um povo tão necessitado mesmo!

Deus — Ele deu alegria ao meu povo?

São Pedro (exultante) — Se deu, Senhor! E para isso não
precisava sempre compor canções alegres. Ia até o fundo
das canções tristes, mas dava-lhes uma tal doçura e meigui-
ce que as pessoas, ouvindo-as, não sabiam se choravam ou
se viam consoladas velhas mágoas. Era um coração se des-
fazendo em música, Senhor. Deu tanta alegria ao povo, que
até a última hora de sua vida (esta não chegou a ser longa,
mas se alongou em canção) trabalhou com seu fiel parceiro
Toquinho para levar às crianças um tipo musical de felicida-
de. Morreu pois a vosso serviço, Senhor.

Deus (disfarçando a emoção) — Mande entrar, mande en-
trar logo esse rapaz. Vinicius entra rodeado de anjos, crian-
ças, virgens e matronas que entoam mansamente:

Se todos fossem iguais a você,
que maravilha viver!
Uma canção pelo ar,
uma mulher a cantar,
uma cidade a cantar,
a sorrir, a cantar, a pedir
a beleza de amar,
como o sol, como a flor, como a luz,
amar sem mentir nem sofrer.
Existiria a verdade, verdade que ninguém vê,
se todos fossem no mundo iguais a você!

De vários pontos, vêm-se aproximando Sinhô, Pixinguinha,
Heitor dos Prazeres, Ciro Monteiro, Noel Rosa, Dolores Du-
ran, Orfeu, Eurídice, Mário de Andrade, Manuel Bandeira,
Portinari, Murilo Mendes, Maysa, Lúcio Rangel, Tia Ciata,
Santa Cecília, Antônio Maria, Bach, Ernesto Nazareth, Jay-
me Ovalle, Chiquinha Gonzaga e outros e outros e outros
que não caberiam neste relato mas cabem na imensidão do
céu e do som, e unem-se ao coral:

Teu caminho é de paz e de amor.
Abre os teus braços e canta a última esperança:
a esperança divina de amar em paz!

VINICIUS SUMIU. PARA ONDE?*
CARLOS DRUMMOND DE ANDRADE

— Essa história de que faz um ano que o Vinicius morreu é muito exagerada — falou o desconhecido, sozinho na mesa do bar. Não tão alto que demonstrasse estar bêbedo, mas o bastante para ser escutado pela roda vizinha. Fez pausa para degustar o gole de conhaque, e repetiu, com ênfase de convicção:

— Muito exagerada mesmo.

— Por que o senhor diz isso? — perguntou o arquiteto, interpretando a curiosidade da roda. O solitário levantou os olhos para considerar quem o interpelava, e respondeu:

— Tenho motivos para afirmar. E provo se me obrigarem. Mas não quero.

— Como, se todo mundo sabe que ele morreu em 9 de julho do ano passado, e nós estamos no dia 9 de julho de 1981?

— É o que parece. Na verdade, o exagero vai a tal ponto que começa por admitir um fato totalmente improvável como é a morte do Vinicius. Se não está provada a morte dele, como é que se pode dizer que faz um ano que ele foi embora?

— Este maluco não deixa de ser interessante — comentou baixinho o compositor, ao lado do arquiteto, e os demais da roda concordaram em silêncio. O homem continuou:

— Eu disse totalmente improvável, mas o certo era dizer inverídico. Vinicius simplesmente não morreu.

— Bem, o senhor quer dizer que ele continua vivo na lembrança da gente, nas músicas que todo mundo canta, nos discos e nos livros, né?

— Mas isso é óbvio. Eu disse outra coisa. Até parece que vocês têm pressa de acabar com o Vinicius, de fazer dele

---

* Publicado no *Jornal do Brasil*, 11 de julho de 1981.

uma nuvem distante. Ficam contando tempo, de relógio na mão, dizendo: "mais uma hora, uma semana, um mês, mais um ano, e ele sumiu de todo. Vamos esquecê-lo, pessoal?" Não. O Vinicius está se rindo de vocês todos, de nós todos, aliás. Ele está onde gosta e não quer mais ser incomodado.

A essa altura, o arquiteto, o compositor, o cineasta, o sociólogo e o publicitário que compunham a mesa acharam de bom aviso convidar o desconhecido a sentar-se com eles para continuar o papo mais comodamente. Atendeu e continuou falando:

—Como vocês incomodavam ele, puxa! Não me refiro individualmente a nenhum dos senhores, falo da multidão de homens e mulheres, admiradores, empresários, repórteres, senhoritas e senhoras apaixonadas que queriam repartir o poeta em pedaços, mastigá-lo, triturá-lo, consumi-lo. Se Vinicius não tivesse tomado providências, teria realmente morrido, e não de doença: de popularidade e suas conseqüências.

—O senhor generaliza. No meio de tudo isso havia muito carinho por ele. Mas que providências foram essas?

—Não posso entrar em particularidades, mas um dia o Vinicius cansou e maquinou uma fuga total, de que pouquíssimos têm notícia, só os íntimos dos íntimos.

—O senhor foi um deles?

—Não. Mas pude ajudar no projeto. Bem, os poetas como Vinicius não precisam de grande ajuda em suas trapaças. Eu ajudei circunstancialmente, coisinha de nada...

—De que maneira?

—Prefiro não responder. Só sei dizer que a simulação deu resultado, e que o poeta continua vivo, aqui na Terra, em lugar inteiramente à prova de chateações e cuidados, numa boa total. De lá não sai, até lá não chega ninguém que importune.

—Pasárgada!—exclamaram em coro.

—Pois sim. Pasárgada hoje é lugar inabitável. A guerra

do Iraque juntou novas ruínas às que lá existiam. O sítio onde se escondeu o Vinicius é incomparável e impenetrável.

—Quer dizer que ele nos abandonou, renunciou ao companheirismo, à participação social, ao dever do poeta?

—Nada disso. Essa história de dever do poeta até parece chapa de gramofone da "Casa Edison, Rio de Janeiro". Vinicius não deve nada ao povo nem às elites, ele deu a todos a poesia que desejava dar. A poesia está aí, que mais queriam dele? Querem que a roseira faça discurso, que o vento seja deputado? Que a luz fique presa e acesa de tantas a tantas horas, para os amigos? Luz não tem horário. Vinicius fez muito bem dando o fora, porque ele já não se pertencia, era propriedade geral, e propriedade geral deixa de ser gente para ser coisa indefinida. A melhor maneira de continuar ele mesmo, com toda a afetividade e toda a inteligência que Deus lhe deu de presente ao nascer, foi sumir aparentemente. Pois na realidade não sumiu. A gente é que não o vê mais pelos bares e shows da vida. Mas a vida não é um bar nem um show. Para quem sabe entender, tem muito de canção na vida, e essa canção Vinicius soube criar e espalhar, mesmo sem show. A canção canta por si.

O homem falava no mesmo tom convicto, mas tranqüilo, já pelo terceiro conhaque. O sociólogo tentou saber o processo de simulação pelo qual Vinicius morrera civilmente, com pompas fúnebres e tudo, e ao mesmo tempo permanecia vivo aqui embaixo. Ele não esclareceu. Preferia deixar à imaginação de cada um a descoberta do mistério. Não seria o primeiro desaparecido que... Nem a primeira identidade que... No quarto conhaque, ou no quinto, declarou encerradas as confidências, pagou sua conta e despediu-se. À saída, voltando-se para a roda, ainda repetiu:

—Muito, muito exagerada.

EU SOU VINICIUS DE MORAES*
CAETANO VELOSO

Eu lembro de ouvir pela primeira vez "Chega de saudade" no rádio, em Santo Amaro, na voz da Elizete Cardoso. E tenho a ilusão de que, antes de conhecer a gravação de João Gilberto, ouvi a Maysa cantando; deve ser um erro da memória, mas sempre tenho essa impressão, de que não ouvi só a gravação da Elizete. Mas, como era no rádio, eu não estava prestando atenção àquilo com tanta seriedade. Na verdade, foi meu colega Dazinho que me alertou. Ele disse: "Você já reparou nesses sambas diferentes que estão tocando agora no rádio? Esse 'Chega de saudade' é diferente!". Eu disse: "Pois é, eu acho isso tão bonito...". Havia um programa à noite, mas não muito tarde, que tocava coisas boas assim, e a gente gostava muito de ouvir as músicas novas que estavam aparecendo. E aquela era uma música emblemática, a gente comentava no ginásio.

Algum tempo depois eu ouvi a gravação do João Gilberto. E só depois eu ouvi todo o disco *Chega de saudade*, e, aí sim, foi uma mudança radical na minha vida, na minha atenção à música popular, que já era uma coisa de que eu gostava imensamente mas que aí se intensificou e focou muito nitidamente minha atenção nesse assunto. E só depois de conhecer o João Gilberto e de estar apaixonado pela bossa nova é que vim a ouvir o disco *Canção do amor demais*.

Tudo isso—Dazinho, "Chega de saudade", Elizete, João Gilberto—aconteceu depois que voltei do Rio para Santo Amaro, em 1957, 58, 59... Foi em 58 esse negócio de ouvir a Elizete cantando "Chega de saudade" no rádio. Mas, antes dis-

---

* Depoimento inédito (edição de Eucanaã Ferraz e Francisco Bosco, com base na entrevista integral concedida por Caetano Veloso a Miguel Faria Jr., em 2005, para o filme *Vinicius*, do mesmo diretor).

so, eu tive um contato muito forte com a figura intelectual, artística, e mesmo pessoal do Vinicius, embora indiretamente.

Eu passei o ano de 56 no Rio de Janeiro, morando em Guadalupe. E esse foi um ano crucial na história de todas as pessoas envolvidas na modernização da música popular brasileira, que se deu logo a seguir. E foi o ano do *Orfeu da Conceição*. Ora, na Bahia não havia televisão, e em Guadalupe havia poucos aparelhos, nenhum deles na casa onde eu morava; eu precisava andar até a casa de um pintor, chamado Arlindo Mesquita, que era amigo dos meus primos adultos, com quem eu aprendia pintura—eu queria ser pintor—e com quem eu gostava de conversar; eu andava umas duas, três quadras para ir até a casa dele, e lá tinha televisão. Então eu ouvi, por exemplo, "Se todos fossem iguais a você", ouvi, seguramente, algumas canções do *Orfeu* antes do *Chega de saudade* e do *Canção do amor demais*. Além disso, eu via, às vezes, no jornal, o nome de Vinicius de Moraes ligado a esse belo projeto, que eu imaginava, de longe, como uma coisa bonita: aquela música, aquele poeta que tinha escrito o espetáculo, o elenco negro... E eu, um dia, indo à casa do Mesquita, esse pintor, vi na televisão um sujeito dando entrevista sobre o espetáculo do *Orfeu*, falando detalhes. Era o Haroldo Costa, que participava do elenco. Eu vi só um trecho da entrevista; e pensei que ele fosse Vinicius de Moraes. Eu tinha treze anos. Voltei pra Bahia, pra Santo Amaro, em 57, e o nome de Vinicius se repetiu muitas vezes. Eu me lembro de conversar com amigos da minha idade—eu já com catorze anos—interessados em coisas bonitas, esse Dazinho, o Chico Mota, pessoas falando: "Tal música é bonita"; em casa mesmo, com meus irmãos, meu pai, falando das canções que estavam aparecendo, e diversas vezes se falou o nome de Vinicius de Moraes. E uma vez eu disse assim: "É, ele é genial, esse cara é um poeta negro do Rio de Janeiro, que eu vi na televisão". E passei alguns anos, um ano e meio, mais ou menos, pensando que Vinicius era preto! Com a certeza absoluta de que Vinicius era negro! E é curioso que, anos depois, eu vim a ouvir da boca do próprio Vinicius a frase: "Eu, Vinicius de Moraes, o branco mais preto do Brasil".

O Vinicius teve um período profundamente baiano, começou com os afro-sambas e depois foi morar na Bahia. Casou com uma baiana quase caricatural, de tão típica, e teve uma casa em Itapuã, de que todos se lembram com muito carinho na cidade.

Eu suponho que o Vinicius teve, na juventude, quando bem jovem, uma vivência intelectual e mesmo política muito diferente disso, ou seja, muito distante do mundo dos negros, do mundo da senzala brasileira. Ele era um homem bastante branco, biologicamente, e estaria inclinado a admirar um pensamento arianista. Então, a paixão dele, quando esteve em contato com aquele escritor americano, o Waldo Frank, se voltou para os aspectos populares da sociedade brasileira, ele mergulhou fundo nessa relação amorosa com as nossas origens negras, com a nossa afro-descendência — porque o Brasil é um país largamente, fundamente afro-descendente; na verdade, é o maior país negro fora do continente africano. Vinicius reconheceu isso com aquela imensa doçura da alma dele. A entrega foi muito grande, e a total ausência de cuidado com a manutenção do status anterior, até os últimos dias da vida dele, é comovente.

Eu tive muitos contatos com Vinicius logo ao chegar no Rio. A minha chegada à cidade, quando vim da Bahia para acompanhar Bethânia, encontrou, por parte dos cariocas que eram ligados à música popular, uma acolhida muito comovedora, começando pela Silvinha Telles e pelo Edu Lobo, que foi indescritível como anfitrião carioca, para os baianos em geral e para mim, em particular. E Vinicius de Moraes era não apenas o grande poeta, o maior letrista da música popular brasileira moderna: ele era também um lugar no Rio de Janeiro; era uma certa área no Jardim Botânico, em torno da qual muitos encontros, desencontros e aproximações se davam. Era um lugar onde a gente convivia: Vinicius de Moraes. Então, nesse primeiro momento, quando da nossa chegada, a casa de Vinicius propiciou uma espécie de iniciação geral, com diálogos diretos com ele e com as pessoas que ficavam à sua volta. Ele parecia que estava sempre à disposição, a casa não tinha horário, a gente podia chegar no meio da madrugada, de dia; os horários de dormir de Vinicius eram aleatórios. Toda essa cena descreve a doçura da sua alma, a capacidade de receptividade que ele tinha. É incrível que uma pessoa tão inventiva fosse tão receptiva. Isso não é freqüente.

O Vinicius é um poeta muito ambicioso; você vai visitar a poesia dele e vê um poeta de grande ambição anímica. E a ligação com a música popular, a idéia de fazer o *Orfeu*, são desdobramentos dessa ambição, uma vontade de agir e um talento estupendo. Talvez isso se explique por uma coisa que João Cabral de Melo Neto observava, com um misto de ternura e inveja, que era a facilidade de Vinicius para a escrita poética. O talento em Vinicius era muito fácil, chegava-lhe sem nenhuma dificuldade a aproximação da poesia. E eu estou tomando a palavra *poesia* em termos mais abrangentes, como essa vontade de atuar na história da formação da sensibilidade brasileira, que se desdobrou nessas incursões dele pela música popular, pelo teatro—que levou a uma guinada na mirada sobre nossa afro-descendência —, o modo como ele se envolveu com a política de luta pela justiça social, enfim, todo esse conjunto representa a personalidade poética de Vinicius; são desdobramentos da poesia dele. E tudo isso para ele vinha com muita facilidade, como os versos, as rimas, a elegância da linguagem, a inspiração. Eu acho que é por isso que ele pôde ser tão inventivo sem ser desnecessariamente agressivo, embora não fosse um homem desprovido de agressividade, não. Ele era muito engraçado nas observações agressivas e, às vezes, muito irritadiço com certas coisas. Isso não quer dizer que ele não fosse extraordinariamente mais receptivo e generoso do que qualquer outro artista tão grandemente inventivo, criativo e construtivo que eu tenha encontrado na minha vida.

Eu me lembro de o Vinicius, sob a pressão de João Cabral de Melo Neto e outros poetas, ficar em dúvida se ele não estava perdendo tempo, se ele não devia, talvez, dar mais atenção e experimentar uma volta à poesia canônica dos livros. Ter havido esta dúvida e ele não ter cedido, só reafirma a autenticidade da entrega dele à aventura com a música popular, que ele levou até o fim, sem tomar cuidado com o tipo de respeito canônico que ele podia disputar. E o João Cabral reclamava muito disso. O Vinicius me disse uma vez na casa dele, lá na rua Faro, no Jardim Botânico: "O Cabral, ele gosta muito de mim; e ele me disse uma vez que, se o Brasil tivesse um poeta com o meu talento e com a disciplina dele, o Brasil teria finalmente um grande poeta. E ele fica querendo que eu... Mas ele fica lá com aquela dor de cabeça... eu não queria viver com essa dor de cabeça por nada. Eu prefiro a musiquinha, as mulheres bonitas... aí a poesia se dá assim, eu não quero aquilo". Ele me disse isso diretamente, não foi uma conversa que eu ouvi. Ele tinha noção de que tinha saído do mundo da poesia canônica de livro para a música popular, e sentia-se mais feliz com isso; sabia que estava exercendo uma função grandiosa, mesmo que às vezes pudesse achar que aquilo era uma relativa irresponsabilidade, ou que incluísse uma certa preguiça; mas que essa irresponsabilidade e essa preguiça tinham em si mesmas um valor poético que era preciso ser reconhecido. Para ele, isso era muito tranqüilo, e vivido assim como se fosse uma experiência erótica, abrangente, e que ele reconhecia como sendo superior a veleidades intelectuais. E ele estava certo, porque o centro erótico das coisas é superior a quaisquer veleidades intelectuais.

É muito bonito que o Vinicius tenha descrito com a vida dele uma trajetória oposta à dos alpinistas sociais e intelectuais. É muito bonito e é mais do que bonito, foi muito útil: o Vinicius formou grande parte da auto-imagem do Brasil. Para além da própria questão da criação artística, tomada como um objeto — que pode ser saudada, criticada, louvada, admirada ou simplesmente observada —, ele foi um grande herói histórico brasileiro. Porque, com as pequenas dicas de revalorização semântica de certos termos, a influência que ele exerceu no modo de o Brasil sentir-se e ver-se é inestimável. O Vinicius, ele… Como é que eu posso dizer? Ele é o verdadeiro inventor do Brasil como um país alegre, ele é a grande resposta ao livro do Paulo Prado — que é um belo livro —, uma resposta violenta. O Vinicius foi uma grande obra-prima literária viva.

Gilberto Gil, ministro da Cultura, negro, cantando "Formosa" num evento oficial, isso é Vinicius, é a presença de Vinicius na nossa vida, na nossa história, não tenha dúvida. E, ao mesmo tempo, a convivência na casa dele trazia uma familiaridade muito grande com a cultura européia, que ele tinha não só pelos livros mas pela vivência em Paris e nos Estados Unidos. Essa intimidade se espalhou e se multiplicou com a prole dele. Os seus filhos, sobretudo a Susana, representaram uma intensificação daquela hospitalidade carioca a que me referi, e também dessa vivência sem cerimônia com um mundo de alto refinamento europeu. Os filhos mais novos, que não tiveram a vivência do período Itamaraty, como Luciana e Georgiana, tiveram uma outra experiência com Vinicius. A Luciana, por exemplo, é uma pessoa que representou todo o lado — como é que eu posso dizer? — da segunda fase de Vinicius, na qual ele levou às últimas conseqüências as possibilidades do mundo não acadêmico, não canônico, não oficial, não burguês e não conformista. Tudo isso é desdobramento da dádiva de Vinicius.

O Vinicius, como letrista, provocou uma virada importante na história da letra de música no Brasil; uma importância do tamanho da importância da bossa nova, tão fundamental quanto a batida e o modo de cantar de João Gilberto—a combinação entre essas duas coisas —, e tão importante quanto a riqueza composicional do Tom Jobim. Essas são as três forças decisivas da bossa nova. E a virada na questão da letra de música, promovida pelo Vinicius, foi realmente crucial.

Mas é preciso entender também que essa virada só foi assim tão abrangente porque ele a fez atento à tradição da letra de música popular brasileira, coisa que ele amava desde sempre e conhecia bem. Nas suas valsas, ecoam as antigas valsas; nas cantigas, a cantiga tradicional; nos sambas, o que havia de samba. Só que tudo passado por um filtro novo, que era o da formação da bossa nova, feita por um grupo de pessoas altamente sofisticadas, mas não necessariamente saídas da alta cultura.

O caso do personagem-núcleo, João Gilberto, é exatamente este, porque ele—que não é originariamente da alta cultura—foi quem aglutinou tudo e fez com que aquilo se tornasse um movimento, algo uno e, como um punho fechado, capaz de desferir um golpe. Ele, indubitavelmente, modificou o futuro da música brasileira, mas também o seu passado; com o olhar que lançou sobre ela, ele a revalorizou nos dois sentidos: deu-lhe mais valor, provou que ela era mais valiosa do que parecia, e também modificou o cânone, pôs mais luz sobre determinados aspectos e, por um período estratégico, deixou na sombra alguns outros para que se entendesse melhor o que poderia ser feito com as nossas possibilidades.

Vinicius de Moraes e Tom Jobim, ao contrário, vieram de uma formação de alta cultura. Isso diz muito sobre a bossa nova, e diz muito sobre a entrega, tanto de Tom quanto de Vinicius, ao desenvolvimento da música popular brasileira, e à mudança na auto-imagem que os brasileiros tinham e têm. Em suma, eu acho que o Vinicius transformou a história da letra de música no Brasil na mesma medida em que Tom e João Gilberto transformaram a história da canção popular como um todo.

A questão da palavra cantada no Brasil teve que ser revalorizada depois de Vinicius, por causa da qualidade do que ele fez e do modo como, fazendo aquilo, pôs em julgamento o que se tinha feito antes e o que se faria então ou depois; mas também pelo fato histórico de ele ter sido um poeta já reconhecido no cânone erudito que se passou para a música popular. Ele podia ter feito umas incursões episódicas e importantes na música popular, sem chegar a fazer o que fez, sem abandonar, quase que cem por cento, o trabalho meticuloso do poeta de livros não só para entregar-se à escrita de letras de canções mas também para participar de temporadas de shows de música popular, cantando com os colegas cantores, tornando-se, enfim, uma figura da música popular, sem nenhum problema. Então, ele, de fato, mudou esse negócio. Mas o valor da palavra na letra de música comparado com o valor da palavra na poesia erudita de livro é uma questão muito complexa e delicada, não pode ser simplesmente ignorada ou negada. Eu me lembro de uma história muito engraçada que o Julinho Bressane gosta de contar a respeito do Tom Jobim; ele conta que viu o Tom dando uma entrevista para uma jornalista, que lhe perguntava: "O senhor faz diferença entre música erudita e música popular?". Ele falou: "Eu não faço, mas existe". Isso é muito bom!

O Vinicius escreveu poemas caudalosos com indagações metafísicas, que eram considerados sérios, e alguns anos depois estava escrevendo "vai vai vai vai vai" em "Só danço samba". Pode parecer um escândalo, mas aí está justamente um nó da poesia erudita e da música popular, dos dois campos, porque a palavra cantada remonta às origens da poesia, às origens mais primitivas, em que ela era necessariamente cantada, não se distinguia do ritual religioso, do teatro, nem da música ou da dança, mas também tem a ver com o desenvolvimento da poesia na Grécia, na Idade Média e, mais tarde, com a grande poesia feita pelos provençais. E é possível pensar o "vai vai vai vai vai" de Vinicius na perspectiva dos poetas concretos de São Paulo, avaliando-se que talvez haja mais poesia respeitável aí do que nos caudalosos poemas metafísicos. Se você tem uma mirada crítica mais livre e mais corajosa, pode, na verdade, inverter o valor. Talvez o "vai vai vai vai vai" seja uma expressão de poesia mais intensa do que a maioria dos poemas caudalosos, religiosos — não necessariamente todos — do primeiro Vinicius. Então, aí há um nó que é preciso enfrentar com coragem, sem esquecer a parábola do Julinho Bressane, que contou a história do Jobim.

Eu sei que o Vinicius foi um dos defensores do cinema mudo contra o cinema falado, que ele considerava uma degradação, uma decadência do cinema. Mas ele estava em boa companhia, estava com René Clair e Chaplin, que não só resistiram muito, com argumentos às vezes bonitos, como depois fizeram alguns dos filmes falados mais belos da história, ambos. É curioso, mas é assim. E o próprio Vinicius, tão purista nesse período, veio a colaborar na feitura da produção cinematográfica do *Orfeu negro*, do Marcel Camus, embora o resultado não tenha sido tão bom, e ele não tenha gostado. De fato, não é um bom filme, embora seja um filme inevitável. No Brasil, a gente preferiu esquecê-lo, mas seria melhor voltarmos a vê-lo, a pensar nele. Nós estamos mais certos quanto ao seu julgamento do que os estrangeiros, porque eu adoro, não tenho dúvida. E o Vinicius estava mais certo que os escritores americanos ou as misses Suécia ou os hippies de Londres, que achavam o filme maravilhoso, lindíssimo. Não é, é meio um abacaxi. Mas ali tem uma porção de coisas interessantes sobre o Brasil e o Vinicius colaborou, fez canções novas, mudou a letra a pedido do diretor do filme... Ou seja, esse purismo com relação ao cinema mudo foi abandonado com mais radicalidade ainda do que a pose de diplomata sério.

A palavra *pureza* tem uma freqüência alta na poesia e nas letras de música de Vinicius, como tinha até na sua conversa. E, no entanto, depois da aprovação do cinema falado, que não foi tão difícil, e sobretudo com a adesão à música popular, à nossa cultura nascida da senzala, ele passou a fazer uma grande exibição de não temer a impureza, qualquer uma. O Vinicius se encharcou de toda a impureza. Há até canções em que ele realmente beira a mera vulgaridade. E ele não se incomodava com isso, porque era puro, porque sabia que podia fazê-lo permanecendo puro. Esse entregar-se puramente às impurezas é a pureza última, é a pureza máxima.

Ele gostava de se apaixonar e viveu assim sempre, se apaixonando com uma intensidade total por muitas mulheres. E atrelava a criação dele a isso. É o valor que dava ao centro erótico da vida, que ele punha na frente e acima de outras veleidades ou vaidades mais respeitáveis. E apaixonar-se não é vaidade, é um apego ao que é verdadeiramente essencial. Eu gosto muito disso. Mas isso tem estilos pessoais; o Vinicius era do estilo das paixões renovadas, das grandes paixões, e isso define muito a pessoa dele, todo mundo o reconhece como um homem que se dedicou a se apaixonar, tantas vezes quanto possível, e a escrever, viver e compor a partir disso.

As primeiras imagens que me vêm de Vinicius, sempre, são na casa dele, no Jardim Botânico, e só depois, então, me vêm as imagens dele na Bahia. Eu me lembro dele em casa, indo pra banheira, indo dormir e deixando a gente na sala, depois voltando e falando sempre com carinho a respeito de tudo, com aqueles diminutivos...

Lembro muito de uma vez ele defendendo o Wilson Simonal de críticas. Não foi no período tão complicado. Mas, mesmo depois, eu ouvi ele voltar a fazer esse comentário: "Coitadinho do Simonal, já pensou? Um negro brasileiro, com tanto talento, tão musical, cantar tão bonitinho, chegar lá, é difícil, você não pode exigir da pessoa um outro tipo de coerência...". Mas, antes, quando o Simonal era apenas criticado porque era um músico que estava se entregando a uma coisa comercial, Vinicius dizia assim: "Mas, pensa bem, já pensou, um negro brasileiro cantar tão bonitinho...". Eu me lembro bem disso, acho uma coisa muito representativa de toda a questão com o negro brasileiro... Por exemplo, agora mesmo eu vi o Lobão na televisão dizendo que se envergonhava porque viu o Alexandre Pires chorando em presença de Bush, o presidente dos Estados Unidos, quando foi chamado para cantar na Casa Branca. Eu pensei assim: "Puxa vida", e me lembrei de Vinicius falando: "Um negro brasileiro chegar ali...". Quanto ao fato de ele se emocionar, eu tenho direito de dizer que me envergonho disso? Vou humilhar publicamente esse cara por causa disso? Eu não sou pequeno, eu sou Vinicius de Moraes.

CRONOLOGIA

1913 Nasce Vinicius de Moraes, em 19 de outubro, no bairro da Gávea, Rio de Janeiro, filho de Lydia Cruz de Moraes e Clodoaldo Pereira da Silva Moraes.

1916 A família muda-se para Botafogo, e Vinicius passa a residir com os avós paternos.

1922 Seus pais e os irmãos transferem-se para a ilha do Governador, onde Vinicius constantemente passa suas férias.

1924 Inicia o curso secundário no Colégio Santo Inácio, em Botafogo.

1928 Compõe, com Haroldo e Paulo Tapajós, respectivamente, os foxes "Loura ou morena" e "Canção da noite", gravados pelos Irmãos Tapajós em 1932.

1929 Bacharela-se em letras, no Santo Inácio. Sua família muda-se para a casa contígua àquela onde nasceu o poeta, na rua Lopes Quintas.

1930 Entra para a Faculdade de Direito da rua do Catete.

1933 Forma-se em direito e termina o Curso de Oficial de Reserva. Estimulado por Otávio de Faria, publica seu primeiro livro, *O caminho para a distância*, na Schmidt Editora.

1935 Publica *Forma e exegese*, com o qual ganha o Prêmio Felipe d'Oliveira.

1936 Publica, em separata, o poema *Ariana, a mulher*.

1938 Publica *Novos poemas*. É agraciado com a bolsa do Conselho Britânico para estudar língua e literatura inglesas na Universidade de Oxford (Magdalen College), para onde parte em agosto do mesmo ano. Trabalha como assistente do programa brasileiro da BBC.

1939 Casa-se, por procuração, com Beatriz Azevedo de Mello. Regressa da Inglaterra em fins do mesmo ano, devido à eclosão da Segunda Grande Guerra.

1940 Nasce sua primeira filha, Susana. Passa longa temporada em São Paulo.

1941 Começa a escrever críticas de cinema para o jornal *A Manhã* e colabora no "Suplemento Literário".

1942 Nasce seu filho, Pedro. Faz uma extensa viagem ao Nordeste do Brasil acompanhando o escritor americano Waldo Frank.

1943 Publica *Cinco elegias*. Ingressa, por concurso, na carreira diplomática.

1944 Dirige o "Suplemento Literário" d'*O Jornal*.

1946 Parte para Los Angeles, como vice-cônsul, em seu primeiro posto diplomático. *Publica Poemas, sonetos e baladas* (372 exemplares, com ilustrações de Carlos Leão).

1947 Estuda cinema com Orson Welles e Gregg Toland. Lança, com Alex Viany, a revista *Filme*.

1949 Publica *Pátria minha* (tiragem de cinqüenta exemplares, em prensa manual, por João Cabral de Melo Neto, em Barcelona).

1950 Morre seu pai. Retorna ao Brasil.

1951 Casa-se com Lila Bôscoli. Colabora no jornal *Última Hora* como cronista diário e, posteriormente, como crítico de cinema.

1953 Nasce sua filha Georgiana. Colabora no tablóide semanário "Flan", de *Última Hora*. Edição francesa das *Cinq élégies*, nas edições Seghers. Escreve crônicas diárias para o jornal *A Vanguarda*. Segue para Paris como segundo-secretário da embaixada brasileira.

1954 Publica *Antologia poética*. A revista *Anhembi* edita sua peça *Orfeu da Conceição*, premiada no concurso de teatro do IV Centenário da cidade de São Paulo.

1955 Compõe, em Paris, uma série de canções de câmara com o maestro Claudio Santoro. Trabalha, para o produtor Sasha Gordine, no roteiro do filme *Orfeu negro*.

1956 Volta ao Brasil em gozo de licença-prêmio. Nasce

sua terceira filha, Luciana. Colabora no quinzenário *Para Todos*. Trabalha na produção do filme *Orfeu negro*. Conhece Antonio Carlos Jobim e convida-o para fazer a música de *Orfeu da Conceição*, musical que estréia no Teatro Municipal do Rio de Janeiro. Retorna, no fim do ano, a seu posto diplomático em Paris.

1957 É transferido da embaixada em Paris para a delegação do Brasil junto à Unesco. No fim do ano é removido para Montevidéu, regressando, em trânsito, ao Brasil. Publica *Livro de sonetos*.

1958 Parte para Montevidéu. Casa-se com Maria Lúcia Proença. Sai o LP *Canção do amor demais*, de Elizete Cardoso, com músicas suas em parceria com Tom Jobim.

1959 Publica *Novos poemas II*. *Orfeu negro* ganha a Palme d'Or do Festival de Cannes e o Oscar de Melhor Filme Estrangeiro.

1960 Retorna à Secretaria do Estado das Relações Exteriores. Segunda edição (revista e aumentada) de *Antologia poética*.

Edição popular da peça *Orfeu da Conceição*. É lançado *Recette de femme et autres poèmes*, tradução de Jean-Georges Rueff, pelas edições Seghers.

1961 Começa a compor com Carlos Lyra e Pixinguinha. É publicada *Orfeu negro*, com tradução italiana de P. A. Jannini, pela Nuova Academia Editrice.

1962 Começa a compor com Baden Powell. Compõe, com Carlos Lyra, as canções do musical *Pobre menina rica*. Em agosto, faz show com Tom Jobim e João Gilberto na boate Au Bon Gourmet. Na mesma boate, apresenta o espetáculo *Pobre menina rica*, com Carlos Lyra e Nara Leão. Compõe com Ari Barroso. Publica *Para viver um grande amor*, livro de crônicas e poemas. Grava, como cantor, disco com a atriz e cantora Odete Lara.

1963 Começa a compor com Edu Lobo. Casa-se com Nelita Abreu Rocha e parte para um posto em Paris, na delegação do Brasil junto à Unesco.

1964 Regressa de Paris e colabora com crônicas semanais para a revista *Fatos e Fotos*, assinando, paralelamente, crônicas sobre música popular para o *Diário Carioca*. Começa a compor com Francis Hime. Faz show (transformado em LP) com Dorival Caymmi e o Quarteto em Cy na boate carioca Zum-Zum.

1965 Publica a peça *Cordélia e o peregrino*, em edição do Serviço de Documentação do Ministério da Educação e Cultura. Ganha o primeiro e o segundo lugares do I Festival de Música Popular Brasileira da TV Excelsior de São Paulo, com "Arrastão" (parceria com Edu Lobo) e "Valsa do amor que não vem" (parceria com Baden Powell). Trabalha com o diretor Leon Hirszman no roteiro do filme *Garota de Ipanema*. Volta à apresentação com Caymmi, na boate Zum-Zum.

1966 São feitos documentários sobre o poeta pelas televisões americana, alemã, italiana e francesa, os dois últimos realizados pelos diretores Gianni Amico e Pierre Kast.

Publica *Para uma menina com uma flor*. Faz parte do júri do Festival de Cannes.

1967 Publica a segunda edição (aumentada) do *Livro de sonetos*. Estréia o filme *Garota de Ipanema*.

1968 Falece sua mãe, em 25 de fevereiro. Publica *Obra poética*, organizada por Afrânio Coutinho, pela Companhia Aguilar Editora.

1969 É exonerado do Itamaraty. Casa-se com Cristina Gurjão.

1970 Casa-se com Gesse Gessy. Nasce sua filha Maria Gurjão. Início de sua parceria com Toquinho.

1971 Muda-se para a Bahia. Viaja para a Itália.

1972 Retorna à Itália com Toquinho, onde gravam o LP *Per vivere un grande amore*.

1975 Excursiona pela Europa. Grava, com Toquinho, dois discos na Itália.

1976 Casa-se com Marta Rodrigues Santamaria.

1977 Grava LP em Paris, com
Toquinho. Show com Tom,
Toquinho e Miúcha, no Canecão.

1978 Excursiona pela Europa
com Toquinho. Casa-se com
Gilda de Queirós Mattoso.

1980 Morre, na manhã
de 9 de julho, em sua casa,
na Gávea.

AGRADECIMENTOS

Eliane Vasconcelos
Georgiana de Moraes
Glauber Andrade Cruz
Humberto Werneck
Júlio Castañon Guimarães
Luciana de Moraes
Marcos Abreu Leitão de Almeida
Susana de Moraes
E, especialmente, a Daniel Gil, que tanto colaborou
na concepção deste livro.

ÍNDICE DE POEMAS

siglas usadas

AP   *Antologia poética*
IL   Inéditos em livro
RA   Recolhidos anteriormente

A ausente [AP]

A Berlim [RA]

A casa [RA]

A morte de madrugada [AP]

A perdida esperança [RA]

A ponte de Van Gogh [RA]

A santa de Sabará [RA]

A última música [IL]

A você, com amor [RA]

Alexandra, a Caçadora [RA]

Alexandrinos a Florença [RA]

Amor [RA]

As quatro estações [RA]

Ave, Susana [IL]

Balada de santa Luzia [IL]

Balada do morto vivo [AP]

Balanço do filho morto [AP]

Cemitério marinho [RA]

Desert Hot Springs [AP]

Dobrado de mestres-cucas [IL]

Elegia de Paris [RA]

Epitalâmio [AP]

Epitalâmio II [IL]

Essa, sentada ao piano [IL]

Estâncias à minha filha [IL]

Estudo [RA]

Exumação de Mário de Andrade [RA]

História passional, Hollywood, Califórnia [AP]

Jayme Ovalle vai-se embora [IL]

Lullaby to Susana [IL]

Madrigal [RA]

Medo de amar [RA]

Mensagem à poesia [AP]

Meu Deus, eu andei com Manoel Bandeira [RA]

Mote e contramote [RA]

Na esperança de teus olhos [RA]

Noturno de Genebra [IL]

O assassino [AP]

O bilhar [IL]

O crocodilo [AP]

O haver [RA]

O poeta e a lua [AP]

O pranteado [IL]

O presente [IL]

O sacrifício do vinho [RA]

Ode a Maio [RA]

Ode no octotenário de Manuel Bandeira [IL]

Os homens da terra [IL]

Otávio [RA]

P(B)A(O)I [RA]

Parte, e tu verás [RA]

Petite histoire naturelle

(Poemas de pazes) [IL]

Poema feito para chegar aos ouvi-
dos de santa Teresa [RA]

Redondilhas para Tati [RA]

Romance da Amada e da Morte [IL]

Sob o Trópico do Câncer [IL]

Soneto com pássaro e avião [RA]

Soneto da mulher inútil [AP]

Soneto da rosa [AP]

Soneto de luz e treva [RA]

Soneto de Marta [RA]

Soneto do amigo [RA]

Soneto do breve momento [RA]

Soneto na morte de José Arthur da
Frota Moreira [RA]

Soneto no sessentenário de Rubem
Braga [RA]

Soneto sentimental à cidade de São
Paulo [RA]

Tatiografia [RA]

Trovas [IL]

Valsa à mulher do povo [AP]

SOBRE O ORGANIZADOR

Eucanaã Ferraz nasceu no Rio de Janeiro, em 18 de maio de 1961. Escreveu, entre outros, os livros de poemas *Cinemateca* (Companhia das Letras, 2008); *Rua do mundo* (Companhia das Letras, 2004; Portugal: Quasi, 2006); *Desassombro* (Portugal: Quasi, 2001; SetteLetras, 2002, Prêmio Alphonsus de Guimaraens, da Fundação Biblioteca Nacional); e *Martelo* (Sette Letras, 1997). Voltado para o público infanto-juvenil, editou *Poemas da Iara* (Língua Geral, 2008).

Organizou os livros *Letra só*, com letras de Caetano Veloso (Portugal: Quasi, 2002; Companhia das Letras, 2003); *Poesia completa e prosa de Vinicius de Moraes* (Nova Aguilar, 2004); *Veneno antimonotonia — Os melhores poemas e canções contra o tédio* (Objetiva, 2005); e *O mundo não é chato*, com textos em prosa de Caetano Veloso (Companhia das Letras, 2005; Portugal: Quasi, 2007). Publicou ainda, na coleção Folha Explica, o volume *Vinicius de Moraes* (Publifolha, 2006).

Edita, com André Vallias, a revista on-line *Errática*. www.erratica.com.br

É professor de literatura brasileira na Faculdade de Letras da Universidade Federal do Rio de Janeiro — UFRJ.

www.eucanaaferraz.com.br

CRÉDITOS DAS IMAGENS

Todos os esforços foram feitos
para determinar a origem
das imagens deste livro.
Nem sempre isso foi possível.
Teremos prazer em creditar
as fontes, caso se manifestem.

1. Novarro/DR/Acervo VM.
2. DR/Noêmia Mourão.
3. José Medeiros/Acervo Instituto
Moreira Salles.
4. Acervo Arquivo—Museu de
Literatura Brasileira, da Fundação
Casa de Rui Barbosa.
5. Marcel Gautherot/Acervo
Instituto Moreira Salles.
6. Marcel Gautherot/Acervo
Instituto Moreira Salles.
7. Marcel Gautherot/Acervo
Instituto Moreira Salles.
8. DR/Santa Rosa.
9. Acervo Arquivo—Museu de
Literatura Brasileira, da Fundação
Casa de Rui Barbosa.
10. DR/Acervo VM.
11. DR/Eugênio Hirsch.
12. DR/Lúcia Proença.
13. Acervo Arquivo—Museu de
Literatura Brasileira, da Fundação
Casa de Rui Barbosa.
14. Instituto Antonio Carlos
Jobim/Jobim Music.
15. Acervo Arquivo—Museu de
Literatura Brasileira, da Fundação
Casa de Rui Barbosa.

16. Acervo Arquivo—Museu de
Literatura Brasileira, da Fundação
Casa de Rui Barbosa.
17. Acervo Arquivo—Museu de
Literatura Brasileira, da Fundação
Casa de Rui Barbosa.
18. DR/Di Cavalcanti/DR/Acervo VM.
19. Marcel Gautherot/Acervo
Instituto Moreira Salles.
20. DR/Acervo VM.

ESTA OBRA FOI COMPOSTA EM
FAIRFIELD POR WARRAKLOUREIRO
E IMPRESSA EM OFSETE
PELA RR DONNELLEY SOBRE
PAPEL PÓLEN SOFT DA
SUZANO PAPEL E CELULOSE
PARA A EDITORA SCHWARCZ
EM SETEMBRO DE 2013

A marca FSC® é a garantia de que a madeira utilizada na fabricação do papel deste livro provém de florestas que foram gerenciadas de maneira ambientalmente correta, socialmente justa e economicamente viável, além de outras fontes de origem controlada.